A VIRGEM NA JAULA

AYAAN HIRSI ALI

A virgem na jaula

Um apelo à razão

Tradução
Ivan Weisz Kuck

Companhia Das Letras

Título original
De Maagdenkooi

Capa
warrakloureiro

Imagem da capa
Michael Lewis/ National Geographic/ Getty Images

Preparação
Beti Kaphan

Índice remissivo
Lucas Carrasco

Revisão
Daniela Medeiros
Marise S. Leal

Traduzido a partir da edição em inglês: *The caged virgin: A muslim woman's cry for reason*

Dados Internacionais de Catalogação na Publicação (CIP)
(Câmara Brasileira do Livro, SP, Brasil)

Hirsi Ali, Ayaan, 1969-
A virgem na jaula : um apelo à razão / Ayaan Hirsi Ali ; tradução Ivan Weisz Kuck. — São Paulo : Companhia das Letras, 2008.

Título original: The caged virgin : a muslim woman's cry for reason
ISBN 978-85-359-1257-9

1. Direito das mulheres – Países islâmicos 2. Mulheres – Leis e legislação, (Direito islâmico) 3. Mulheres no Islã 4. Mulçumanas – Condições sociais I. Título.

08-04743 CDD-305.48697

Índices para catálogo sistemático:
1. Mulçumanas : Condições sociais : Sociologia 305.48697
2. Mulheres no Islã : Condições sociais : Sociologia 305.48697

[2008]

EDITORA SCHWARCZ LTDA.
Rua Bandeira Paulista 702 cj. 32
04532-002 – São Paulo – SP
Telefone (11) 3707-3500
Fax (11) 3707-3501
www.companhiadasletras.com.br

Ao espírito da liberdade

Sumário

Prefácio

Rompendo a cortina islâmica

Os ataques de 11 de setembro de 2001 levaram o Ocidente a dirigir um apelo maciço aos muçulmanos de todo o mundo, para que refletissem sobre sua religião e cultura. O presidente americano George W. Bush, o primeiro-ministro Tony Blair e vários outros líderes ocidentais pediram às organizações muçulmanas em seus países que se distanciassem do islã, tal qual pregado por aqueles dezenove terroristas. O pedido foi recebido com indignação pelos muçulmanos, que julgaram inapropriado responsabilizá-los pela conduta criminosa de dezenove jovens. Contudo, o fato de que os autores dos ataques de 11 de setembro eram muçulmanos e de que, antes dessa data, muçulmanos de muitas partes do mundo já vinham alimentando um enorme ressentimento em relação aos Estados Unidos, instigaram-me a investigar se as raízes do mal poderiam ser encontradas na fé com a qual cresci: seriam a agressividade e o ódio inerentes ao próprio islã?

Meus pais me educaram para ser muçulmana — uma boa muçulmana. O islã dominava a vida e as relações da minha família, até os mínimos detalhes. Era nossa ideologia, nossa convicção política, nosso padrão moral, nossa lei e nossa identidade. Antes e acima de tudo, éramos muçulmanos e, só então, somalis. Muçulmanos, conforme aprendemos, são aqueles que se submetem à vontade de Alá, expressa no Alcorão e no Hadith, uma coletânea de dizeres atribuídos ao profeta Maomé. Aprendi que o islã nos separa do resto do mundo, o mundo dos não-muçulmanos. Nós muçulmanos somos escolhidos por Deus. Eles, os outros, os *kfur*, os infiéis, são anti-sociais, impuros, bárbaros, incircuncisos, imorais, inescrupulosos e, acima de tudo, obscenos; suas meninas e mulheres são prostitutas, pelas quais eles não têm o menor respeito; muitos dos homens são homossexuais; homens e mulheres fazem sexo fora do casamento. Os infiéis são malditos, e Deus lhes reserva as mais atrozes punições no além.

Quando éramos pequenas, minha irmã e eu fazíamos comentários ocasionais sobre pessoas boas que não eram muçulmanas, mas minha mãe e minha avó sempre respondiam: "Não, eles não são bons. Conhecem o Alcorão, o profeta Maomé e Alá e, no entanto, não vêem que uma pessoa não pode ser nada senão muçulmana. Estão cegos. Se fossem mesmo tão bons assim, se tornariam muçulmanos e Alá os protegeria do mal. Mas depende deles. Se se converterem, entrarão no paraíso".

Também existem cristãos e judeus que educam seus filhos na crença de pertencerem ao povo escolhido de Deus, mas, entre os muçulmanos, o sentimento de que Deus lhes concedeu uma salvação especial é mais pronunciado.

Há cerca de doze anos, aos vinte e dois, cheguei à Europa ocidental fugindo de um casamento arranjado. Logo percebi que, ali, Deus e sua verdade haviam sido humanizados. Para os muçulmanos, a vida terrena não passa de um estágio transitório que antecede o que está por vir. Na Europa, porém, é permitido investir nesta vida mortal. E mais, o inferno parece já não existir, e Deus é um deus de amor, não um senhor cruel que distribui castigos. Comecei a ver minha fé de modo mais crítico e descobri três importantes elementos do islã que antes não me chamavam tanto a atenção.

O primeiro destes é que a relação de um muçulmano com Deus se rege pelo medo. O muçulmano possui uma concepção absoluta da divindade. Nosso Deus exige submissão total. Recompensa quem cumpre estritamente suas regras e pune cruelmente quem as transgride, tanto na terra, pela doença e desastres naturais, quanto no além, pelo fogo do inferno.

O segundo elemento é que o islã conhece uma única autoridade moral: o profeta Maomé. Maomé é infalível. Quase poderíamos acreditar que ele é um deus, mas o Alcorão afirma explicitamente que o profeta é um ser humano, um ser humano supremo, de fato, o mais perfeito dos homens. Devemos conduzir nossas vidas segundo seu exemplo. O que está escrito no Alcorão são as palavras de Deus ditas a Maomé. Os milhares de *hadiths* — registros dos ditos, feitos e conselhos de Maomé, conservados em grossos volumes — nos dizem exatamente como se esperava que um muçulmano vivesse no século VII. Os muçulmanos devotos consultam essas obras diariamente em busca de respostas para as questões da vida no século XXI.

O terceiro elemento é que o islã é fortemente dominado por uma moral sexual derivada de valores tribais árabes, vigentes quando o profeta Maomé recebeu suas instruções de Alá; uma cultura na qual as mulheres eram propriedade de seus pais, irmãos, tios, avôs ou tutores. A essência de uma mulher reduz-se a seu hímen. Seu véu serve como um lembrete constante ao mundo externo dessa moral asfixiante, que faz dos homens proprietários das mulheres, obrigando-os a evitar que suas mães, irmãs, tias, cunhadas, primas, sobrinhas e esposas tenham contatos sexuais. E não estamos falando apenas de concubinato. É uma ofensa quando uma mulher olha para um homem, roça seu braço ou aperta sua mão. A reputação e a honra de um homem dependem inteiramente do comportamento respeitável e obediente das mulheres da família.

Esses três elementos explicam amplamente por que as nações muçulmanas estão atrasadas em relação ao Ocidente e, mais recentemente, à Ásia. Para escapar ao cárcere mental desta tríade, na qual a maioria dos muçulmanos está encerrada, devemos começar por uma autocrítica. Porém, qualquer muçulmano que levante questões críticas sobre o islã é imediatamente tachado de "desertor". Um muçulmano que defenda a exploração de outras fontes de moralidade que não as oferecidas pelo profeta Maomé será ameaçado de morte, e uma mulher que se retire da jaula das virgens será tachada de prostituta.

Experiências pessoais, extensas leituras e conversas levaram-me a entender que a existência de Alá, dos anjos e demônios e da vida após a morte são, no mínimo, questionáveis. Ainda que Deus exista, não devemos tomar sua palavra como absoluta, mas desafiá-la. Certa vez, escrevi sobre minhas dúvidas quanto à nossa fé, na esperança de iniciar uma discussão. Fui imediatamente hostilizada por muçulmanos zelosos, homens e mulheres que queriam minha excomunhão. Chegaram ao ponto de dizer que eu merecia a morte, pela ousadia de questionar a verdade absoluta da palavra de Alá. Levaram-me ao tribunal para me impedir de criticar a fé na qual nascera e de fazer perguntas acerca das regras e dos deuses que nos foram impostos pelo mensageiro de Alá. Um fundamentalista islâmico assassinou Theo van Gogh, o cineasta holandês que me ajudou a filmar *Submission: part 1* [Submissão: primeira parte], um filme sobre o relacionamento entre o indivíduo e Deus *ou, mais especificamente, entre a mulher* e Deus. E ameaçou matar-me também, uma ameaça que outros prometeram cumprir.

Assim como os demais seres humanos pensantes, gosto de buscar sabedoria, moralidade e imaginação em outras fontes que não os textos religiosos — outros livros além do Alcorão e das narrativas sobre o profeta Maomé — e gostaria que outros muçulmanos também as procurassem. O fato de Espinosa, Voltaire, John Stuart Mill, Kant e Bertrand Russell não serem islâmicos e não terem correspondentes islâmicos não significa que os muçulmanos devam passar ao largo destes e de outros filósofos ocidentais. Atualmente, porém, a leitura de pensadores do Ocidente é considerada um desrespeito ao profeta Maomé e à mensagem de Alá. Isso é um grande equívoco. Por que não seria permitido manter-se fiel a todas as coisas boas que Maomé nos instou a fazer (como seu conselho para sermos caridosos com os pobres e os órfãos), acrescentando ao mesmo tempo às nossas vidas e visões de mundo as idéias de outros filósofos moralistas? Afinal, o fato de os irmãos Wright não serem islâmicos não impede os muçulmanos de viajarem de avião. Ao adotar apenas as inovações técnicas do Ocidente, sem a coragem de pensar com independência, perpetuamos a estagnação mental na cultura islâmica, passando-a de geração em geração.

A causa mais importante da defasagem intelectual e material em que nós muçulmanos nos encontramos deve, provavelmente, ser buscada na moral sexual que nos é empurrada goela abaixo desde o nascimento (ver capítulo 3, "A jaula das virgens"). Gostaria de convidar a todos que, como eu, foram criados no islamismo a comparar e contrastar o ensaio de J. S. Mill, "The subjection of women" (1869) [A sujeição das mulheres], com o que o profeta Maomé tem a dizer sobre o tema da mulher. Ambos estavam inegavelmente interessados no papel feminino, mas há uma enorme diferença entre Maomé e Mill. Por exemplo, Mill considerava sua amada esposa como sua igual em termos intelectuais; Maomé era um polígamo e escreveu que o homem tem autoridade sobre a mulher, porque Deus o fez superior a ela. Mill, um modelo de serenidade racional diante de questões polêmicas, argumentou que, se a liberdade é boa para os homens, também o é para as mulheres, uma posição tida hoje como incontestável na maior parte do mundo moderno.

No entanto, qualquer investigação acerca da tríade islâmica por um muçulmano é considerada um ato de absoluta traição à religião e ao profeta Maomé. Para um fiel, é extremamente doloroso fazer questionamentos ou ouvir críticas de outros muçulmanos à tríade islâmica. As fortes emoções dos muçulmanos e suas enérgicas condenações a quem questiona essa tríade impressionam quem, como eu, observa de fora, especialmente quando expressas em escala gigantesca por comunidades ou mesmo nações inteiras, como ocorreu no Egito, no Irã e na Indonésia.

Pense, por exemplo, no assassinato de Theo van Gogh nas ruas de Amsterdã — uma cidade ocidental numa democracia ocidental — por ter exercido seu direito à liberdade de expressão — ao lançar um olhar crítico sobre o islã em *Submissão: primeira parte*, filme que fez comigo. Você possivelmente ouviu falar nas ameaças de morte feitas também a mim por causa desse filme, mas é possível que não saiba que, quando comecei a falar sobre as práticas imorais do profeta Maomé, foram prestadas à polícia e ao governo mais de cento e cinqüenta queixas contra mim. Os líderes de meu partido receberam a visita de quatro embaixadores — da Arábia Saudita, do Sudão, do Paquistão e da Malásia. Traziam uma carta, à qual estava anexada uma lista de 21 países-membros da Conferência Islâmica — incluindo a Turquia — que a apoiavam. A principal queixa nessa carta era de que eu insultara o profeta Maomé, ferindo profundamente os sentimentos de mais de 1 bilhão de muçulmanos. Seguiram-se ameaças de morte a mim e também ao líder do meu partido, quando este se recusou a levar a sério a queixa e caçar meu mandato parlamentar.

Pense também na reação ao concurso de Miss Mundo na Nigéria, em 2002. Extremistas religiosos protestaram contra a realização do certame e se inflamaram violentamente quando um jornalista cristão, num jornal independente, sugeriu, em resposta à indecorosa questão de como Maomé reagiria a essa imprópria exibição de beleza e corpos femininos, que ele teria escolhido uma nova esposa entre as candidatas se estivesse vivo nos dias de hoje. Isso foi interpretado como um grave insulto ao profeta Maomé. Durante os protestos que se seguiram, a redação do jornal foi incendiada. Duzentas pessoas morreram e pelo menos quinhentas ficaram feridas.

Pense também na repercussão da reportagem da *Newsweek* de maio de 2005, quando um jornalista teve acesso a um relatório do FBI de 2001, a respeito de um soldado que atirou um exemplar do Alcorão na privada e puxou a descarga. O incidente se deu em Guantánamo, onde soldados afegãos e paquistaneses suspeitos de serem membros do Talibã foram detidos após sua captura no Afeganistão. Violentos protestos irromperam no Paquistão e no Afeganistão, durando vários dias. Pelo menos dezesseis pessoas morreram.

Pense também no ocorrido na Dinamarca, quando o autor de uma biografia de Maomé quis um desenho representando o profeta para a sobrecapa do livro. Todos os artistas procurados disseram: "Não, não podemos fazê-lo; temos medo de represálias muçulmanas e tememos por nossa vida". Ao saber do desafio do escritor, o jornal diário *Jyllands-Posten* pediu a cartunistas que retratassem o profeta Maomé, a fim de verificar se a liberdade de expressão sofrera alguma restrição em conseqüência do terrorismo islâmico. Doze cartunistas concordaram, e o jornal publicou as imagens em setembro de 2005. Organizações muçulmanas exigiram imediatamente um pedido de desculpas, que o editor-chefe recusou-se a fazer, dizendo que a democracia emprega todos os meios de expressão, inclusive a sátira, e que as imagens não pretendiam ofender o profeta Maomé ou os muçulmanos. Não obstante, 3 mil dos 187 mil muçulmanos da Dinamarca protestaram contra o jornal, que precisou da proteção de seguranças, pois foram feitas ameaças de morte. Onze embaixadores estrangeiros visitaram o jornal para se queixar. Meses mais tarde, em janeiro de 2006, países muçulmanos começaram a boicotar os produtos dinamarqueses. A economia da Dinamarca perdeu aproximadamente 90 milhões de euros em cerca de uma semana; empresas foram forçadas a demitir centenas de funcionários. Em fevereiro, jornais de outros países europeus publicaram as imagens, em defesa da Dinamarca e da liberdade de imprensa. Extremistas islâmicos atacaram e incendiaram a embaixada dinamarquesa em Beirute. Uma pessoa morreu. Outras embaixadas européias em países islâmicos foram atacadas. Um sacerdote cristão foi morto por um turco aos gritos de "Deus é grande". À medida que os protestos eram fomentados ao redor do mundo, a violência crescia e o número de mortos aumentava. Nos países islâmicos, alguns muçulmanos moderados, que tentaram esfriar os ânimos, foram silenciados pelos governos, ou mesmo presos. Ainda assim, os governos europeus consideram seriamente impor restrições à liberdade de imprensa no debate sobre o islã; os editores de alguns jornais foram demitidos por publicar as charges. A tragédia, para muitos muçulmanos, é que sua incapacidade de criticar os dogmas religiosos em seus países está sendo reproduzida na Europa.

O que me espanta é que, para os muçulmanos, as invocações de Alá e "Deus é grande" por assassinos não é mais ofensiva do que as caricaturas. Por que os muçulmanos não têm ataques de fúria quando aqueles que saem em auxílio dos iraquianos são seqüestrados, torturados e decapitados em nome do islã? Cartunistas políticos que apontam os problemas de uma religião extremista são usados para manipular o povo, incitando violência em vez de reflexão e debate. A liberdade de expressão é, para os muçulmanos, uma via de mão única; podem criticar o Ocidente, mas o Ocidente não pode criticar as práticas islâmicas.

Compreendo que um muçulmano possa se sentir na obrigação de repreender qualquer um que tente questionar o caráter absoluto da palavra de Deus ou alguém que considere outras fontes de moralidade como iguais, ou mesmo superiores às do profeta Maomé. A história mostra que, para muitas pessoas, fazer uma transição mental de tal magnitude e questionar as próprias crenças é sempre um processo muito lento, que pode gerar resistência e causar derramamento de sangue. Nesse contexto se enquadram o assassinato de Theo van Gogh, as ameaças de morte e medidas legais contra mim e a intensa rejeição e condenação que sofro por ser julgada herética e blasfema. Lembre-se que a Reforma Protestante precisou de muitos anos de protesto (de onde se originou seu nome), além de derramamento de sangue e tumulto generalizado, para se firmar. Um rápido olhar sobre a história islâmica nos revela que as vozes surgidas no seio do islã foram quase todas mortas ou exiladas. Estou em boa companhia: Salman Rushdie, Irshad Manji, Taslima Nasreen, Muhammad Abu Zaid — todos sofreram ameaças de companheiros de fé e estão agora sob a proteção de não-muçulmanos.

Não obstante, nós que fomos criados no islamismo precisamos encontrar a coragem para romper ou escalar esse muro de resistência emocional, até que o número de críticos se torne grande o suficiente para contrapor-se efetivamente às resistências mais arraigadas. Para conseguir isso, precisaremos da ajuda do Ocidente liberal, que teria grande interesse numa reforma do islã. Mas, acima de tudo, nós muçulmanos precisamos ajudar-nos uns aos outros.

Sinto-me otimista em relação a essa reforma. Meu otimismo baseia-se em sinais positivos, como as eleições locais na Arábia Saudita (embora as mulheres tenham sido excluídas das votações, estas, ao menos, foram realizadas); as eleições bem-sucedidas no Iraque e no Afeganistão (onde um governo secular chegou ao poder depois do Talibã); os protestos de jornalistas e acadêmicos no Marrocos contra o terror do Partido Islâmico e os promissores acordos entre Sharon e Abbas sobre o futuro de Israel e da Palestina. Abbas é mais razoável do que foi Arafat e parece agir no interesse dos palestinos. A devolução por Israel da terra dos palestinos, para que eles a administrem por si mesmos, é um avanço significativo, embora as eleições, nas quais o Hamas se tornou o partido governante, sejam um retrocesso. Outro sinal de progresso é a aceitação paquistanesa do auxílio israelense às vítimas do terrível terremoto de 8 de outubro de 2005. Compreendo, é claro, que estes avanços são ainda muito recentes.

Por ser otimista, minha tendência natural seria recorrer ao Ocidente em busca de auxílio para a reforma do islã, aos liberais seculares, ocidentais que tradicionalmente se opõem à imposição de crenças e costumes religiosos. Em certos países, os liberais seculares "de esquerda" estimularam o pensamento crítico em mim e em outros muçulmanos. Mas esses mesmos liberais da política ocidental têm o estranho hábito de se culpar pelos males do mundo, vendo todos os outros como vítimas. Para eles, vítimas são dignas de pena. Todos esses infelizes e oprimidos, inclusive os muçulmanos, são colocados no mesmo saco das pessoas boas, que devem ser acolhidas e apoiadas para que possam superar as desvantagens. Os seguidores do evangelho do multiculturalismo se recusam a criticar aqueles que vêem como vítimas. Alguns críticos ocidentais reprovam as políticas e atitudes dos Estados Unidos, mas não criticam o mundo islâmico, bem à maneira dos apologistas do socialismo no Ocidente que, na primeira metade do século XX, não ousavam criticar os campos de trabalho soviéticos. Na mesma linha, alguns intelectuais ocidentais criticam Israel, pois é lícito criticar um país que pertence ao Ocidente, mas sentem pena dos palestinos e do mundo islâmico em geral, que não são tão poderosos. Criticam a maioria branca nativa nos países ocidentais, mas não as minorias islâmicas. Críticas ao mundo islâmico, aos palestinos e às minorias muçulmanas são vistas como islamofobia e xenofobia.

Nunca é demais ressaltar o quanto isso é equivocado. Ignorar diferenças e abster-se de criticar é racismo em sua forma mais pura. Não obstante, esses culturalistas não percebem que, na ânsia de evitar críticas aos países não ocidentais, estão aprisionando as pessoas que representam essas culturas num estado de atraso. Suas intenções podem ser as melhores possíveis, mas, como todos sabemos, de boas intenções o inferno está cheio.

Minhas próprias críticas à religião e cultura islâmicas são vistas por algumas pessoas como "rudes", "ofensivas" e "lesivas". Mas a atitude do culturalista o é ainda mais. Julgam-se superiores e não tratam os muçulmanos como parceiros capazes de discutir de igual para igual, mas como os "outros" que precisam ser protegidos. E pensam que se devem evitar críticas ao islã, pois temem que os muçulmanos só saibam responder com ódio e violência. Os culturalistas decepcionam aos muçulmanos que, como eu, atenderam ao chamado para mostrar seu senso de responsabilidade pública e falar abertamente.

Assumi um enorme risco ao responder ao apelo por autorreflexão e participar do debate público que se dá no Ocidente desde o 11 de setembro. E o que dizem os culturalistas? "Você deveria ter dito isso de uma outra maneira." Mas, depois da morte de Theo van Gogh, estou mais do que nunca convencida de que tenho de dizê-lo somente da *minha* maneira e exercer a *minha* crítica.

1. Lutem por seus direitos!

As mulheres no islã

Nasci na Somália em 1969 e fui criada numa família islâmica. Meu pai, Hirsi Magan, é um conhecido líder oposicionista, que desafiou a ditadura de Mohamed Siad Barré. Entre 1975 e 1976, foi forçado a deixar o país, e nossa família o seguiu. Chegamos ao Quênia, passando pela Arábia Saudita e pela Etiópia.

Aos 22 anos, na condição de jovem muçulmana, fui forçada a casar-me com um primo distante, sobrinho de meu pai. Se nos casássemos, terminaria meus dias isolada, como mãe e dona-de-casa. Mas me recusei a comparecer à cerimônia, que seria celebrada no Canadá e, pouco depois, fugi para a Holanda. Lá pedi asilo, que me foi concedido, aprendi holandês, trabalhei como intérprete em vários lugares — inclusive em clínicas de aborto e centros para mulheres refugiadas — e me graduei em ciências políticas.

Isso foi há dez anos. Na Holanda, posso estudar e trabalhar. Aqui sou livre para expressar minha opinião. Critiquei o islã e a comunidade islâmica nos jornais, nas revistas, na televisão e no rádio. Meus comentários suscitaram sentimentos intensos. A atenção que lutei por conquistar para o drama das mulheres muçulmanas na Holanda e na Europa ocidental levou-me ao Parlamento, primeiro pelo Partido Trabalhista e, a partir de outubro de 2002, pelo Partido Liberal. Minha mudança partidária também despertou fortes sentimentos. Nos Estados Unidos, isso equivaleria a passar do Partido Democrata ao Republicano. Alguns de meus antigos correligionários se sentiram traídos por minha atitude, mas, para mim, tratava-se de uma questão pragmática. Creio encontrar, no Partido Liberal, maior apoio à minha missão de auxílio às mulheres muçulmanas.

Muitos me perguntam por que sou especialmente crítica em relação ao islã e à posição da mulher dentro dele. Graças às minhas opiniões e comentários, sou acusada de difamar a religião. Alega-se que retrato *todos* os homens muçulmanos como "grosseirões estúpidos e violentos que oprimem suas mulheres". Culpam-me ainda por fazer o jogo dos populistas e racistas, que podem se aproveitar de minhas opiniões para reprimir os muçulmanos. Ainda assim, continuo me sentindo na obrigação de manifestar-me contra a maneira como são tratadas as mulheres na comunidade islâmica. Faço-o por quatro razões.

Espero poder contribuir, com meu conhecimento e experiência da fé islâmica, para o fim do tratamento degradante dispensado às mulheres e meninas muçulmanas. Creio apaixonadamente na universalidade dos direitos humanos. Como membro do conselho diretor da Anistia Internacional, aflijo-me ao ver a ampla maioria das muçulmanas ainda aprisionada pela doutrina da virgindade, a qual exige que as mulheres se casem puras e imaculadas: experiências amorosas e sexuais antes do casamento constituem um tabu absoluto. Tabu esse que não se aplica aos homens. Além disso, homens e mulheres não têm, de modo algum, os mesmos direitos e oportunidades no contexto de sua cultura muçulmana específica. Muitas mulheres não têm a menor chance de organizar a própria vida com independência ou da maneira que lhes pareça adequada.

Não desprezo o islã. Tenho plena consciência da nobreza dos valores promovidos pela religião, como caridade, hospitalidade e compaixão pelos mais fracos e pelos pobres. Mas, para as mulheres, a situação é bem diferente. Em nome do islã, são sujeitas a práticas terríveis, como a mutilação genital feminina e o repúdio, sendo este último uma prática comum, pela qual as mulheres são emocional e financeiramente apartadas de suas famílias por qualquer comportamento tido como inapropriado.

Obviamente, nem todo muçulmano é desrespeitoso ou violento com as mulheres. Conheço inúmeros homens muçulmanos maravilhosos, que tratam decentemente suas mães, irmãs e esposas. Além do mais, os homens são, indiretamente, tão vítimas da cultura da virgindade quanto as mulheres. Devido a essa cultura repressiva, os meninos e homens não são criados por mães saudáveis, equilibradas e instruídas. Assim, acabam ficando em desvantagem na busca por educação, empregos e desenvolvimento social.

Devido à ênfase desproporcional conferida à "virilidade" na criação islâmica e à separação física e mental entre os sexos, os homens dificilmente têm a oportunidade de desenvolver as habilidades comunicativas necessárias à harmonia da vida familiar. Portanto, não é nenhuma surpresa que muitas muçulmanas na Holanda se queixem de que seus maridos raramente lhes dirijam a palavra. Nos casamentos islâmicos, arranjados pela família quando a filha é ainda muito jovem, os homens são forçados a assumir pesadas responsabilidades — em relação a moças que mal conhecem.

Tais expectativas geram, com freqüência, uma falta de autocompreensão e de compreensão das mulheres. Sentimentos de raiva e impotência são comuns entre os homens. Além disso, um homem criado com a idéia de que não é errado bater numa mulher não hesita muito em fazer uso da violência. Hoje, na Holanda, os abrigos para mulheres recebem um grande afluxo de muçulmanas em busca de proteção contra a violência de seus maridos. Foram criados também abrigos específicos para meninas muçulmanas que fogem da casa dos pais.

Ironicamente, a opressão às mulheres é, em grande parte, sustentada por outras mulheres. Veja o que diz Fatma Katirci, uma imame turca (fiel que conduz as orações quando as mulheres se reúnem para rezar — nas ocasiões em que isso é permitido) em Amsterdã, sobre o versículo do Alcorão que dá aos homens o direito de bater em suas mulheres: "A discussão não pode ser sobre o cardápio do jantar. Tem de ser algo mais sério, como uma questão de honra, a infidelidade, por exemplo. Quando o comportamento de uma mulher mancha a reputação da família... Veja, certas mulheres precisam apenas de uma boa conversa para aprender; outras só pensam melhor em suas ações se dormirem em camas separadas; e algumas são verdadeiramente neuróticas. Nestes casos, uma palmadinha pode ser o último recurso para que enxerguem os erros de seu comportamento. Não me interprete mal: sou contra isso. Bater é degradante, mas, se realmente não houver alternativa, é inevitável que seja assim".

Essa declaração revela que mesmo mulheres cultas costumam ter dificuldades em abandonar idéias que lhes foram instiladas desde a infância. Nas comunidades muçulmanas de orientação tradicional, muitas vezes são as mães que mantêm as filhas sob seu domínio e as sogras que tornam insuportável a vida das noras. Primas e tias fofocam ininterruptamente umas sobre as outras e a respeito dos demais. O efeito desse controle social é que as muçulmanas alimentam sua própria opressão.

* * *

A segunda razão para o meu posicionamento crítico é o perigo de que, sem a emancipação das mulheres muçulmanas, a posição de desvantagem social dos muçulmanos no Ocidente e no resto do mundo permaneça inalterada. Vejo uma conexão direta entre a situação desfavorável das mulheres muçulmanas, de um lado, e a defasagem dos muçulmanos na educação e no mercado de trabalho, as altas taxas de delinqüência juvenil e a extrema dependência dos serviços sociais, de outro. Na verdade, as meninas muçulmanas são criadas de tal modo que lhes são negados a independência pessoal e um senso próprio de responsabilidade, valores essenciais para prosperar num país ocidental.

A redução da idade mínima para o casamento, ocorrida nos últimos anos, é um avanço perigoso na Holanda, ou em qualquer país com uma minoria islâmica significativa. Casar alguém é tornar acessível uma menina ou jovem mulher a um homem que ela não conhece e que poderá usá-la sexualmente. Quanto mais jovem a noiva, maior a chance de que ela seja virgem. Trata-se aqui, essencialmente, de um estupro arranjado e aprovado por toda a família da moça. Um casamento imposto significa geralmente que a menina não conseguirá completar sua educação, ou nem sequer terá permissão para isso. Tragicamente, um sem-número de meninas muçulmanas ainda tem de se sujeitar a tal prática.

Meninas que não conseguem preservar sua virgindade ou têm medo, mesmo sendo virgens, de não sangrar na noite de núpcias, recorrem a intervenções médicas para restaurar o hímen. Cerca de dez a quinze dessas operações são realizadas em hospitais holandeses a cada ano. Em conseqüência do tabu relativo ao sexo — e, portanto, à educação sexual —, as meninas e mulheres estão sujeitas a uma gravidez indesejada ou doença sexualmente transmissível. O aumento no número de abortos está diretamente relacionado ao afluxo de mulheres marroquinas e turcas.

A terceira razão pela qual estou decidida a fazer com que minha voz seja ouvida é que não se costuma dar ouvidos às muçulmanas e elas precisam de uma mulher que fale por elas. Seus porta-vozes oficiais são quase todos homens. Dado o sofrimento amplamente disseminado das mulheres muçulmanas, são muito poucas as organizações sociais e partidos políticos dedicados a melhorar sua sorte. Os porta-vozes das organizações muçulmanas e políticos imigrantes de origem islâmica, juntamente com outros defensores dos "direitos das minorias", superam-se em negar, banalizar e evitar os enormes problemas das meninas e mulheres muçulmanas no Ocidente.

Numa entrevista concedida em junho de 2002, a parlamentar pelo Partido Socialista, Khadija Arib, deu a seguinte declaração sobre a situação das mulheres muçulmanas: "As pessoas parecem pensar que as imigrantes gostam de ficar o dia todo em casa sozinhas, mas isso acontece principalmente porque elas não têm para onde ir". Durante a inauguração, na primavera, de uma creche onde as mães podiam passar o dia ao lado dos filhos num subúrbio de Amsterdã, ela propôs a criação de um estabelecimento especial, onde as mulheres pudessem participar de atividades durante todo o dia. Ao agir assim, ela nega a essência do problema. Um segmento expressivo da comunidade islâmica ainda conserva a idéia de que as mulheres não deveriam ser livres para se locomover ou trabalhar fora de casa. As muçulmanas se beneficiariam mais de críticas severas a essa opinião do que da criação de centros especiais de atividades para mulheres.

* * *

O último motivo é minha firme convicção de que a ênfase numa identidade muçulmana e em seus respectivos "direitos de minoria" é prejudicial às mulheres muçulmanas. Em 1999, Susan Moller Okin, professora de ciência política e feminista, deu início, nos Estados Unidos, a uma discussão entre os adeptos do multiculturalismo que defendem a promoção e preservação da cultura islâmica (ou de outros grupos) e seus oponentes, entre os quais ela se inclui. Em sua visão, o fato de muitos governos ocidentais promoverem uma política de preservação das culturas minoritárias está em conflito com suas constituições; afinal, estas estabelecem os princípios da liberdade individual e da igualdade entre homens e mulheres. Entre outras críticas, ela chama a atenção para o fato de que os multiculturalistas não levam em conta a vida privada nas culturas que defendem. E é justamente na vida privada que a desigualdade de poder e a opressão às mulheres se manifestam de forma mais clara.

Em última análise, as mulheres muçulmanas no Ocidente têm mais a ganhar com a cultura ocidental dominante, adotada pela maioria da população e que lhes proporciona boas oportunidades de conduzir suas vidas de acordo com seus próprios desígnios. Sou a prova viva disso. É também por essa razão que me sinto responsável por preservar e proteger o sistema democrático, ao qual tanto devo. Em princípio, todos os muçulmanos holandeses possuem os mesmos direitos, mas, devido a opiniões religiosas antiquadas, têm dificuldade em exercê-los. As mulheres são as mais afetadas, e é isso que me aflige.

Aqueles que *já conquistaram* o sucesso nas sociedades ocidentais e partilham da fé das mulheres oprimidas (seu número, aliás, não é muito grande), deveriam sair mais em defesa de suas irmãs e irmãos. Gostaria de encorajar mulheres como Naima El Bezaz, que escreve com franqueza sobre a sexualidade feminina, a erguer-se acima da barreira religiosa e questionar a fonte da cultura da virgindade (o Alcorão, o Hadith, uma coletânea de dizeres do profeta Maomé, tradições e práticas resultantes), em vez de aferrar-se à tradição estabelecida. Isso se daria em seu próprio proveito *e* no proveito daquelas que compartilham da mesma sorte mas que, até o momento, tiveram menos oportunidades de progredir. Convido parlamentares como Khadija Arib, Nebahat Albayrak, Naima Azough e Fatima Elatik a assumir sua responsabilidade. A lógica do estabelecimento de prioridades exige que os problemas mais graves sejam resolvidos primeiro. Questões menores como a da "imagem do islã" devem ser postas de lado. Não é absurdo pensar que Alá, em toda a sua grandeza, se preocupe com a própria imagem?

Convido os defensores da sociedade multicultural a se inteirarem do sofrimento das mulheres que, em nome da religião, são escravizadas em seus próprios lares. Será preciso ter sofrido na própria pele os maus-tratos, o estupro, o encarceramento e a opressão para se pôr no lugar do outro? Não é hipocrisia banalizar e tolerar tais práticas, sendo livre e se beneficiando do progresso da humanidade?

Uma sociedade multicultural não é um fim em si mesma. Nós, no Ocidente, devemos fazer um esforço conjunto para nos opormos à educação islâmica e a todas as outras instituições muçulmanas que promovem a auto-segregação e contribuem para a preservação de uma inescapável tirania sobre mulheres e crianças.

2. Por que não podemos ter uma visão crítica de nós mesmos?

Já se repetiu *ad nauseam* que não há um único islã. As versões do islã são tantas quantos são os muçulmanos. Um muçulmano vê o islã como identidade; outro, como cultura; um terceiro somente como religião. Para outro ainda, o islã significa tudo isso ao mesmo tempo: identidade, cultura, religião e também orientação política e social. Mas, apesar dessas discrepâncias, todos os muçulmanos partilham da convicção de que os princípios fundamentais do islã não podem, de modo algum, ser criticados, revistos ou negados. As fontes do islã encontram-se no Alcorão e nos ditos e feitos do profeta Maomé (a suna), e todo muçulmano tem o dever de emular essas palavras e atos tão bem quanto possível na moral e na vida cotidiana. Neste contexto, gostaria de levantar a questão: devemos temer o islã? Peço que, *de fato*, questionemos seus princípios fundamentais.

Após os terríveis ataques de 11 de setembro, soube-se que o principal suspeito chamava-se Mohammed Atta. O jovem deixou um bilhete onde declarava ter cometido o ato terrorista por Deus e pela recompensa que o aguardava no paraíso. A carta incluía também as palavras de uma oração, pedindo que Alá lhe desse forças e o apoiasse em seu intento.

Pouco depois, o pai de Mohammed Atta apareceu na televisão. Diante do ato do filho, mostrava-se enfurecido e, ao mesmo tempo, triste. Parecia confuso, não podia e não queria acreditar que seu filho fosse culpado pela chacina de 11 de setembro. O filho era, disse ele, um garoto atencioso e pacífico. Além do quê, não tinha motivo para participar de um ato terrorista como esse. Afinal, recebera uma formação de alto nível para os padrões egípcios. Seu professor alemão confirmava que Mohammed Atta era um arquiteto muito promissor. Reunia, em resumo, todas as qualidades de um jovem de sucesso com um futuro auspicioso. O pai se orgulhava muito dele. Não, exclamava Atta pai, meu filho não tem nada a ver com isso: os judeus, a CIA, a culpa é de tudo e de todos, mas não de Mohammed. Pessoas mal-intencionadas querem sujar meu nome e o de meu filho, manchando nossa honra.

Ao mesmo tempo, nos dias que se seguiram ao 11 de setembro, escritores islâmicos, teólogos e imãs, além de muçulmanos e muçulmanas comuns, defrontavam-se com a mesma questão: como fora possível que dezenove muçulmanos devotos cometessem um ato tão vil em nome de nossa religião? Por que Bin Laden convocava todos os muçulmanos para uma guerra contra os infiéis em nome de nossa crença? Por que muçulmanos indonésios, paquistaneses e até mesmo britânicos estão dispostos a atender ao chamado de Bin Laden, sacrificando suas vidas em nome de nossa fé?

A reação desses muçulmanos foi análoga à de Atta pai: choque e indignação com a idéia de associar o islã ao terrorismo. Não, bradaram enfaticamente e em uníssono: os culpados não eram muçulmanos; alguns rapazes podem beber e se encontrar com prostitutas, mas estes são hábitos não islâmicos, adquiridos no Ocidente decadente; os terroristas citaram versos do Alcorão totalmente fora de contexto. Não, Bin Laden não é muçulmano.

Não, esses jovens barulhentos que, nos países islâmicos, saem às ruas das cidades comemorando o 11 de setembro não compreendem o islã, uma religião pacífica, tolerante e caridosa. Aquele que ama Alá e honra seu enviado jamais poderia querer prejudicar fiéis ou infiéis, muito menos matá-los ou participar de atividades terroristas.

Mas, se isso é verdade, como explicar os fatos? O que devo pensar, enquanto muçulmana, quando leio que:

• os responsáveis por onze, e possivelmente doze, dos dezesseis maiores atos terroristas cometidos entre 1983 e 2000 eram muçulmanos;

• cinco dentre os sete países que colaboram com terroristas, e constam da lista do Departamento de Estado dos Estados Unidos, são islâmicos e a maior parte das organizações estrangeiras na mesma lista é muçulmana;

• havia muçulmanos envolvidos em dois terços dos 32 conflitos armados em 2000, enquanto apenas um quinto da população mundial é muçulmana, segundo o International Institute of Strategic Studies [Instituto Internacional de Estudos Estratégicos] de Londres.

Se não há nada de errado com o islã, por que tantos muçulmanos estão fugindo? Entre os dez países dos quais a Holanda mais recebe imigrantes, nove são predominantemente islâmicos. Por que nós muçulmanos seguimos para o Ocidente ao mesmo tempo que o condenamos? O que o Ocidente tem que nós não temos? Por que é deplorável a situação das mulheres nos países islâmicos? Se nós muçulmanos somos tão tolerantes e pacíficos, por que há tantos conflitos étnicos, religiosos, políticos e culturais e tanta violência nesses países? Por que não podemos, ou não queremos, reconhecer a gravidade da situação em que nos encontramos? Por que tanta cólera e mal-estar e por que estamos tão cheios de hostilidade e temos tanto ódio de nós mesmos e dos outros? Por que somos incapazes de uma autocrítica?

Se eu tivesse de caracterizar o islã, diria que este se tornou semelhante ao pai de Mohammed Atta: inflamado, traumatizado, aturdido e vivendo uma ilusão. Assim como aquele pai engendrou seu filho, o islã gerou uma corrente a que chamamos ora de fundamentalismo, ora de islã político. Assim como o pai não enxergava o lado sombrio do filho, nós muçulmanos nos recusamos a admitir que uma religião outrora pacífica, poderosa e sólida traga dentro de si elementos de fanatismo e violência. Queríamos, e ainda queremos, uma solução islâmica para tudo. Sempre deixamos o curso de nossas vidas, a organização de nossa sociedade, nossa política econômica, a educação de nossos filhos e o relacionamento entre homens e mulheres nas mãos de Deus. *Insha'allah* (se Deus [Alá] quiser) é a expressão mais ouvida entre os muçulmanos.

Nós muçulmanos perdemos totalmente a noção do equilíbrio entre religião e razão. As conseqüências são pobreza, violência, instabilidade política, dificuldades econômicas e sofrimento humano. Assim como Atta pai se orgulha do filho, nós muçulmanos nos orgulhamos do islã; não temos mais nem a disposição nem a capacidade de acreditar que Alá já não oferece respostas a todas as nossas perguntas, ou, se as tem, não quer dividi-las conosco.

Contudo, um certo número de muçulmanos tem dúvidas e dá os primeiros passos cautelosos num processo de auto-exame e de busca por uma saída do labirinto. Estes constituem uma pequena minoria e ainda têm de superar seu próprio sofrimento e o antagonismo dos fundamentalistas. Mas isso não é tudo. Precisam enfrentar também as forças reacionárias que tão bem aprenderam a usar as liberdades constitucionais de países onde a democracia funciona bem, como a Holanda, para manter a ilusão na qual se encontram as massas muçulmanas.

Podemos reformular a questão "Devemos temer o islã?" por "Devemos temer Atta pai?". Quão bem fundado é nosso temor e o que fazemos dele? É humano ter medo dos aspectos perigosos de uma religião, como o extremismo e o fanatismo, mas também é humano compreender a dor dos muçulmanos e querer ajudá-los.

Os regimes reacionários do Oriente Médio tiveram êxito em convencer os Estados Unidos de que o único mal a ser combatido está no terrorismo fomentado pelo fundamentalismo islâmico. Os Estados Unidos não são capazes de perceber que são precisamente esses regimes, e o clero que os sustenta no poder, as causas secundárias do fanatismo, ou *wahhabismo*, como se diz na Arábia Saudita. Dado que os fundamentalistas constituem a única oposição aos regimes reacionários, a política dos Estados Unidos terá um efeito adverso. O conceito de "inimigo" de fanáticos como Bin Laden é reforçado pelas ações americanas. Eis a triste realidade: a população muçulmana está usando o islã como ferramenta política para livrar-se dos regimes repressivos, mas as promessas dos fundamentalistas islâmicos não oferecem ao povo a menor perspectiva. Este é o motivo pelo qual é imprescindível que os muçulmanos se tornem críticos em relação à sua religião e comecem a repensá-la por dentro, com auxílio vindo de fora.

O Ocidente precisa ajudar os muçulmanos a se ajudarem, e não alimentar suas ilusões ao evitar as questões de fundo. Por mais que se compreenda os muçulmanos e se tenha compaixão por seus sofrimentos pessoais, não se pode perder de vista o fato de que esse sofrimento é o resultado inevitável da forma assumida pelo islã no lar, na escola, no cotidiano e na mídia. Muitos muçulmanos carecem da disposição e da coragem para tratar desse tema tão relevante. Há uma diferença essencial entre a situação do pai Atta e a do islã. O filho de Atta está morto; seu pai tem tempo para aprender lentamente a lidar com o trauma. Infelizmente, o islã — nós muçulmanos — não pode se dar a esse luxo.

Então, o que precisa acontecer? A primeira tarefa de muçulmanos e não-muçulmanos é enfrentar o extremismo perverso manifestado nos ataques de 11 de setembro. Não o subestime. É justo ter medo desse tipo de islã. O fanatismo islâmico é uma realidade, e seus seguidores são cada vez mais numerosos. Ocidentais e muçulmanos devem ficar lado a lado em sua rejeição comum ao extremismo, em vez de culparem-se uns aos outros e cultivarem a desconfiança mútua. Só os fanáticos têm algo a ganhar com isso.

A segunda tarefa, que compete aos próprios muçulmanos, é a do esclarecimento. Nós muçulmanos precisamos entender a importância e urgência de se restaurar o equilíbrio entre religião e razão, trabalhando com afinco para conquistá-lo. A religião não oferece uma solução adequada para a situação extrema dos muçulmanos em todo o mundo. Devemos reconduzir estruturalmente a religião ao seu lugar: a mesquita e a casa. Nós muçulmanos tendemos a ver valores universais, como a liberdade do indivíduo e a igualdade entre homens e mulheres, como exclusivamente ocidentais. Isso é um erro. Temos de aplicar esses valores a nós mesmos e começar a criar instituições políticas e legais capazes de protegê-los e promovê-los. Temos, também, de começar a empregar a análise científica e racional. É verdade que esses valores e métodos surgiram na tradição ocidental, mas isso não significa que sejam menos pertinentes para povos de outras partes do mundo. Se assim não fosse, seria bem menor o número daqueles que buscam refúgio no Ocidente. Para se atingir as metas mencionadas acima, exige-se uma mudança fundamental na mentalidade muçulmana. Essa mudança só pode começar se as fontes do islã forem submetidas a um meticuloso exame crítico.

A terceira tarefa compete principalmente aos ocidentais não muçulmanos, que de há muito se beneficiam dos frutos do Iluminismo. Precisamos do auxílio dos intelectuais e das autoridades em nossa busca pela razão. Essa empreitada encerra um dilema: como poderá o Ocidente preservar uma sociedade aberta e tolerante, fundada na noção de direitos, e combater o extremismo de direita e a intolerância religiosa, ao mesmo tempo que ajuda os muçulmanos em seu processo de esclarecimento? Até agora, os políticos e formuladores de políticas, bem como os intelectuais, têm se mostrado temerosos em confrontar os muçulmanos acerca de suas opiniões, costumes e práticas de origem religiosa que provocam danos severos à sociedade e aos próprios muçulmanos. Hoje, os elementos reacionários no seio do islã continuam a ganhar força. Do mesmo modo que os regimes do Oriente Médio manipulam os Estados Unidos a fim de consolidar seu próprio poder, incontáveis organizações muçulmanas na Holanda estão conseguindo manter suas opiniões e práticas conservadoras, especialmente quanto ao lugar da mulher em sua cultura. O governo holandês está entre aqueles que, equivocadamente, se deixam levar por essas forças reacionárias. Por exemplo, o prefeito de Amsterdã, Job Cohen, conclamou a população secular a respeitar o poder unificador da religião. Como é típico de tanta retórica política confusa e vazia, não está claro o que isso quer dizer, mas ele aparentemente acredita que o islã é primordialmente uma prática religiosa que serve de conforto aos imigrantes muçulmanos, unindo-os numa comunidade. Tratava-se, ao que parecia, de um apelo aos holandeses para que adotassem uma atitude de tolerância irrefletida e inquestionada para com as comunidades islâmicas e suas atividades. Com esse "apelo", contudo, o prefeito demonstrou uma flagrante ignorância da situação das mulheres muçulmanas em sua própria cidade. Cohen parece acreditar — equivocadamente — que esse sentimento e atitude "benevolente" colaboraria para a integração dos muçulmanos à sociedade holandesa.

Isso não é verdade. O efeito é exatamente o oposto: a institucionalização virtual da auto-segregação e isolamento muçulmanos. A cumplicidade equivocada e pouco esclarecida do prefeito com a agenda dos islamitas lhe valeu o título honorífico de "xeique" entre os reacionários. Em outro exemplo de pensamento igualmente confuso, Roger van Boxtel, ministro holandês para a política urbana e integração das minorias étnicas, faz uma defesa obstinada da educação islâmica, que é precisamente o que perpetua a pobreza e alienação dos povos muçulmanos. Por seu apoio imediato e irrefletido, Van Boxtel conquistou o título de "mulá" entre os reacionários.

Seja qual for o propósito do apelo supostamente humanista do prefeito, ele e outros ocidentais precisam compreender que, no mundo muçulmano, a religião nos é inculcada desde o nascimento, e que esta é justamente uma das razões de nossa defasagem em relação ao Ocidente na tecnologia, nas finanças, na saúde e na cultura. O xeique Cohen e o mulá Van Boxtel devem compreender que nós muçulmanos já estamos imbuídos de fé e superstição. O que precisamos é de escolas de filosofia e da liberação de nossas mulheres. Será que o xeique Cohen já visitou um centro de refugiadas em sua cidade? Se visitou, é impossível que não tenha conhecido um pouco do sofrimento das muçulmanas, que costuma estar oculto, embora seja onipresente e inegável. Nem a Sociedade pelo Islã e pela Cidadania, nem a comunidade muçulmana se manifestam a respeito do sofrimento de suas mulheres; e todas as 753 organizações muçulmanas subsidiadas na Holanda permanecem em silêncio quanto a isso. Apenas organizações de ajuda, como o Instituto Regional de Saúde Mental, o Conselho de Defesa da Criança e o Centro de Registro de Abusos contra a Criança, reconhecem tal sofrimento. A elas acorrem as muçulmanas em grande número. Mas estas e outras organizações humanitárias também se vêem impossibilitadas de se manifestar devido à obrigação de manter sigilo.

Há um tabu rigoroso entre as famílias muçulmanas, impedindo que se fale sobre controle de natalidade, aborto e violência sexual. O tabu é uma conseqüência direta de nossa religião. Uma menina grávida fica dentro de casa em silêncio. A força unificadora da religião atua sobre ela apenas negativamente, como mera repressão. O resultado não é unidade ou solidariedade, mas conflito interno e uma terrível solidão. A única saída é a clínica de aborto, onde as meninas islâmicas são, com freqüência, atendidas. Mais um sofrimento que devem suportar caladas. Sessenta por cento de todos os abortos realizados na Holanda envolvem mulheres imigrantes, muitas das quais de origem islâmica.

Portanto, está claro que o temor do islã já se encontra presente na Holanda. Os políticos e elaboradores de políticas neste país já estão assustados demais para confrontar a nós muçulmanos com nossas ilusões. E, assim, o medo de ofender leva à perpetuação da injustiça e do sofrimento humano.

3. A jaula das virgens

A cultura árabe difundiu-se entre as sociedades não árabes por intermédio do islã, mas, em muitos aspectos, está defasada em relação à cultura ocidental. Suas três principais deficiências são a falta de liberdade individual, o conhecimento inadequado e a carência de direitos para a mulher. Esses problemas também podem ser observados em países não árabes convertidos ao islã que adotaram o Alcorão e o Hadith como guias para a organização política e econômica da sociedade. Em países como o Paquistão e o Irã e, em menor grau, em partes da Indonésia, Malásia, Nigéria e Tanzânia, registrou-se, após a introdução do islã, um significativo retrocesso no tocante à liberdade individual, à aquisição de conhecimento científico e aos direitos da mulher.

Há perspectiva de melhora, mas o progresso é lento. O Relatório sobre o Desenvolvimento Humano Árabe das Nações Unidas, preparado por intelectuais árabes, representa um primeiro passo na direção certa e identifica o cerne do problema. A atual riqueza do mundo árabe provém exclusivamente do petróleo extraído por corporações ocidentais. Sua taxa de crescimento econômico é a mais baixa do mundo, à exceção da África subsaariana; o analfabetismo é muito disseminado e persistente. Somente cerca de 330 livros estrangeiros aproximadamente (contra 5 mil apenas na Holanda e quase quatrocentos nos Estados Unidos) são traduzidos por ano em todo o mundo árabe. O quadro dos direitos humanos é igualmente calamitoso. As autoridades árabes empregam a força contra seu próprio povo, e grupos populacionais fazem uso da violência uns contra os outros. A população é oprimida e, na minha opinião, não há lugar onde a situação da mulher seja tão ruim quanto no mundo islâmico. Relatórios das Nações Unidas afirmam que as mulheres são virtualmente excluídas da vida pública e que a legislação referente ao casamento, divórcio, herança e adultério lhes é extremamente desfavorável.

O mesmo estado desfavorável de coisas se reflete, em menor grau, na posição dos imigrantes muçulmanos na Europa ocidental. Os muçulmanos que para cá emigraram trouxeram consigo suas convicções e tradições. Salta aos olhos, no Ocidente, a presença predominante de homens muçulmanos nas prisões, e de mulheres muçulmanas nos abrigos para mulheres vítimas de abusos e no sistema de Assistência Social. Muitos muçulmanos vão mal na escola e no mercado de trabalho. Só raramente conseguem aproveitar as oportunidades de educação e emprego e não se beneficiam o suficiente das liberdades que não existem em seus países de origem.

O que impede o progresso dos muçulmanos? Por que eles não podem ultrapassar o abismo que os separa do Ocidente? Por que não podem participar da sociedade ocidental como fazem outros imigrantes?

Segundo alguns especialistas, o atraso no desenvolvimento dos muçulmanos tem suas raízes no imperialismo ocidental e nas condições climáticas desfavoráveis. Muitos Estados islâmicos foram criados de modo repentino e artificial, tornando-se ditaduras.

Empossados e mantidos pelos países do Ocidente, os ditadores retardam o desenvolvimento muçulmano. Entretanto, o historiador Bernard Lewis é convincente ao refutar essa tese. Ele acredita que o atraso no desenvolvimento islâmico se origina do ressentimento dos muçulmanos em relação aos ocidentais. Durante séculos, desde antes da Idade Média, os muçulmanos viram os ocidentais como estúpidos e atrasados, carentes de higiene, moral e civilidade. Os mouros, que conquistaram a Espanha e a dominaram por setecentos anos, até 1492, foram responsáveis pela introdução da higiene básica, pela preservação dos mais importantes clássicos gregos e romanos, pela introdução de práticas agrícolas modernas, como a irrigação, e por um grande florescimento cultural. A partir do século XII, entretanto, a mentalidade islâmica tornou-se menos tolerante, menos inquisitiva e mais extremista em suas idéias. Ao mesmo tempo, o Ocidente judaico-cristão compreendeu a necessidade de progredir e começou a aprender, a viajar e a explorar. Assim, os ocidentais alcançaram o nível da cultura islâmica e, em muito pouco tempo, o superaram.

Sayyid Qutb e Hassan al-Banna, fundadores do islã radical, oferecem uma explicação do ponto de vista islâmico. Segundo eles, a *umma*, a comunidade, só pode prosperar quando seus membros se atêm à letra do Alcorão e do Hadith, às tradições do profeta Maomé. Em sua opinião, os muçulmanos se desviaram do caminho traçado por Maomé, atraindo para si a desgraça. Na verdade, porém, os políticos que seguem o islã ao pé da letra fracassaram dramaticamente. O islã não possui um modelo político confiável e eficaz, como demonstram os abalos nos regimes do Irã e da Arábia Saudita. Os islamitas estão corretos ao afirmar que a grande maioria dos muçulmanos não é capaz de obedecer estritamente a todos os mandamentos e proibições de Alá. Nem deveriam ou poderiam fazê-lo, enquanto tais interdições forem definidas pelos fundamentalistas.

Os problemas — agressão, estagnação econômica e científica, repressão, epidemias e insatisfação social — enfrentados pela maior parte dos 1,2 bilhão de muçulmanos espalhados pelos cinco continentes não podem ser explicados por apenas uma ou duas causas. Uma complexa combinação de fatores, algumas vezes regionais, evoluiu ao longo do tempo. Entre eles está a moral sexual islâmica, uma moralidade de origem tribal, alçada à condição de dogma do islamismo. Essa explicação é rara na literatura existente. Essa moralidade pré-moderna foi santificada no Alcorão e, posteriormente, desenvolvida nas tradições do profeta Maomé. Para muitos muçulmanos, essa moralidade se expressa em uma obsessão pela virgindade. A obsessão pelo domínio sobre a sexualidade feminina não se limita ao islã, e é também evidente em outras religiões (por exemplo, entre os cristãos, judeus e hindus). No entanto, o desenvolvimento moderno dessas outras culturas religiosas não foi tão prejudicado quanto o dos muçulmanos. O valor atribuído à virgindade é grande a ponto de eclipsar as catástrofes humanas e os custos sociais resultantes.

As meninas muçulmanas costumam aprender que "uma garota com o hímen rompido é como um objeto usado". E, uma vez usado, um objeto torna-se permanentemente imprestável. Uma moça que tenha perdido o "selo de não usada" não encontrará marido e estará condenada a terminar seus dias na casa dos pais. Além disso, quando o defloramento se dá fora do matrimônio, os familiares da moça estarão desonrados até o décimo grau de parentesco e serão motivo de comentários maldosos por parte das outras famílias. Dirão que a família é conhecida por suas mulheres promíscuas, que se entregam "ao primeiro homem que aparece". Por isso, a moça é punida pela família. As punições vão desde insultos à expulsão ou ao confinamento, podendo chegar até mesmo a um casamento forçado com aquele que a deflorou ou com algum "homem generoso" disposto a encobrir a vergonha familiar. Estes podem ser muitas vezes pobres, débeis mentais, velhos, impotentes ou tudo isso ao mesmo tempo. Em casos extremos, a garota é assassinada, muitas vezes pela própria família. As Nações Unidas relatam que, a cada ano, 5 mil jovens são mortas por esse motivo em países islâmicos, inclusive na Jordânia, citada com tanta freqüência como um regime "liberal".

Na tentativa de evitar esse destino cruel, as famílias muçulmanas fazem todo o possível para garantir que o hímen de suas filhas permaneça intacto até o casamento. Os métodos variam de acordo com o país, as circunstâncias específicas e os meios disponíveis. Mas, em toda parte, as medidas se dirigem às jovens dotadas de hímen e não aos homens capazes de rompê-los.

Há pouco tempo, o porta-voz do Ministério da Justiça da Turquia, o professor Dogan Soyasian, declarou que todos os homens desejam casar-se com uma virgem, e que aqueles que o negam seriam hipócritas. Ainda se aconselha às jovens estupradas a se casarem com seus agressores, com o argumento de que o tempo cura todas as feridas. A seu tempo, a mulher aprenderá a amar quem a estuprou, e a união poderá ser muito feliz. Porém, caso a mulher tenha sido violentada por vários homens, o casamento terá menor chance de sucesso, pois seu marido a verá como uma mulher desonrada.

No que se refere à sexualidade, a cultura islâmica vê os homens como feras terríveis, irresponsáveis e imprevisíveis, que perdem de imediato todo o autocontrole ao ver uma mulher. Isso me lembra uma experiência que tive ainda bastante jovem. Minha avó tinha um bode. Estávamos brincando na frente de casa quando, no fim da tarde, pouco antes de escurecer, todas as cabras da vizinhança voltavam para casa em uma longa procissão. Era uma visão encantadora. Mas logo que avistou as cabras, o bode de vovó galopou em sua direção e montou na primeira que conseguiu alcançar. A nós crianças, aquilo pareceu muito cruel.

Quando perguntamos à vovó o que o bode estava fazendo, ela respondeu que aquilo não era problema dela: se os vizinhos não quisessem que suas cabras fossem montadas, deveriam levá-las para casa por outro caminho. O islã representa seus homens como aquele bode; quando vêem uma mulher descoberta, saltam imediatamente sobre ela. Isso se torna uma profecia auto-realizável; um homem muçulmano não tem por que aprender a se controlar. Não precisa e não é ensinado a fazê-lo. A moral sexual destina-se exclusivamente às mulheres, sempre culpadas por qualquer descuido.

Desde muito cedo, as meninas estão envoltas em uma atmosfera de desconfiança. Elas logo aprendem que são seres indignos de confiança, e que constituem um perigo para o clã. Há algo nelas que faz os homens perderem o juízo. Como exemplo dessa atitude, contarei uma conversa que tive com Achmed, um pai que encontrei há um ano em uma escola islâmica, e que me contou haver sido, em outros tempos, um muçulmano não praticante. Bebia, cometia adultério e praticamente ignorava os pilares do islã. Havia poucos anos, convertera-se, como ele mesmo dizia. Lera o Alcorão e decidira criar a filha à maneira islâmica. Perguntei por que ela, uma criança de sete anos, tinha de cobrir a cabeça com o *hijab*, o véu islâmico. "Conheço o islã", disse a ele. "O *hijab* só se torna necessário quando a menina atinge a puberdade." "Sim", respondeu ele, "mas ela precisa aprender a usá-lo, para que, mais tarde, isso pareça natural." Ele me explicou as regras do islã referentes ao *hijab* e disse: "Aqui na Holanda, as mulheres andam com muito pouca roupa no verão. Isso provoca acidentes". O próprio Achmed testemunhara um desses acidentes, conforme me contou. No verão anterior, vira um caminhão chocar-se contra outro. "O motorista que provocou o acidente não estava prestando atenção à estrada mas olhando para as pernas nuas de uma mulher bonita que passava por ali."

Por essa razão, as meninas têm de se cobrir, tornando-se invisíveis. E, por isso, sentem-se constantemente culpadas e envergonhadas, pois é quase impossível levar uma vida normal *e* ser invisível aos homens. As meninas sempre pensam que estão fazendo algo de errado. Têm cerceada não apenas sua liberdade externa de ir e vir, mas também a interna. Certa vez minha tia pôs uma peça de carneiro para secar ao sol. A carne atraiu fileiras de formigas e nuvens de moscas. Titia disse: "Os homens são iguais a essas moscas e formigas: quando vêem uma mulher, não conseguem conter o desejo". Vi a gordura derreter ao sol, enquanto os insetos se fartavam. Restou um rastro de sujeira.

A virgindade das jovens é protegida de muitas maneiras; uma delas é o cativeiro doméstico, que pode começar na puberdade. A fim de preservar sua virgindade, milhares de muçulmanas são condenadas a trabalhar dentro de casa e a horas de tédio sem fim. Se for absolutamente indispensável que uma jovem saia, ela só poderá fazê-lo de cabeça coberta e vestindo um manto que esconda todo o seu corpo. O objetivo é mostrar aos homens que ela não está sexualmente disponível. Isto é legitimado por uma citação do Alcorão:

> Ficai sossegadas em vossos lares e não atraí a atenção [...] E dize às mulheres crentes que devem baixar o olhar e conservar a modéstia; que não ostentem sua beleza e ornamentos, exceto o que [precisa normalmente] aparecer; que devem ocultar o peito sob seus véus e não exibir sua beleza a não ser a seus maridos, aos pais, aos pais de seus maridos, a seus filhos, aos filhos de seus maridos, a seus irmãos, ou aos filhos dos seus irmãos, ou aos filhos de suas irmãs, ou às outras mulheres, ou àqueles que sua mão direita possui [seus escravos], ou aos servos homens livres de necessidades físicas, ou às crianças pequenas, que não têm noção da vergonha do sexo. Ó, profeta! Dize a tuas mulheres e filhas, e às mulheres

> crentes, que devem envergar seus trajes exteriores [quando fora de casa]: isto é o que mais convém, para que sejam conhecidas [como tais] e não sejam molestadas.

Outra maneira de preservar a virgindade é manter os homens e mulheres que não sejam parentes próximos em compartimentos separados da casa. Esta também é uma forma de cárcere privado. Na Arábia Saudita, um bastião do islã, onde se localizam as duas casas sagradas de Alá (Meca e Medina), essa divisão é levada ao extremo — outros territórios islâmicos relativamente ricos em petróleo, além de Irã, Paquistão, Sudão e Iêmen, não ficam muito atrás.

A circuncisão feminina é de longe o método mais brutal de preservação da virgindade. O processo envolve a ablação do clitóris e dos lábios maiores e menores, bem como a raspagem das paredes da vagina com um objeto afiado — um caco de vidro, lâmina de barbear ou faca de cozinha. Em seguida, as pernas são atadas até que as paredes vaginais cicatrizem e se fechem. Isso ocorre em mais de trinta países, incluindo o Egito, a Somália e o Sudão. Embora não prescrito pelo Alcorão, esse costume de origem tribal tornou-se quase uma obrigação religiosa para aqueles muçulmanos que não podem dispensar suas meninas do trabalho fora de casa, e como tal é defendido. Seus defensores argumentam que a circuncisão das mulheres existia antes e durante a vida de Maomé, não tendo sido explicitamente proibida pelo profeta. A assim chamada infibulação (literalmente "sutura") serve como um selo de garantia das mulheres e é realizada sob os olhares vigilantes de mães, tias, avós e outras guardiãs femininas.

A falta de confiança nas mulheres atinge seu ápice durante o teste da noite de núpcias: será que a noiva muçulmana é virgem ou não? Devido ao apartheid de gênero pelo qual as mulheres são banidas da vida pública, um homem muçulmano não dispõe de nenhum meio natural para conhecer uma mulher por quem possa se apaixonar. Por essa razão, a escolha fica a cargo de sua família, pois somente esta saberia onde encontrar uma virgem autêntica. Embora muitas vezes nem sequer se conheçam, os recém-casados são obrigados a ter uma relação sexual na noite de núpcias. Mesmo que a moça não queira e seu corpo se feche de medo e repulsa, ela tem de fazê-lo. E ainda que o marido também não o queira, deve provar sua virilidade e potência. Os convidados aguardam do lado de fora, até que seja exibido um lençol sujo de sangue. Esta relação compulsória é de fato um estupro socialmente sancionado e também uma flagrante negação do valor do indivíduo.

Um casamento nunca é algo simples, mas o casamento muçulmano tem seu início marcado por um verdadeiro sinal de desconfiança, seguido de um ato de violência. E é num clima de desconfiança e violência que a próxima geração de crianças nascerá e será criada.

Muitas das jovens muçulmanas que vivem no Ocidente imaginaram meios de desfrutar do sexo antes do casamento, sem desconsiderar a obsessão de suas famílias pela virgindade. Por exemplo, elas podem introduzir objetos estranhos nos órgãos genitais, no intuito de provocar um oportuno sangramento na noite em questão. As jovens circuncidadas que tenham feito sexo antes do casamento podem, também, ter sua virgindade restaurada. Até recentemente, o procedimento era integralmente reembolsado pelo sistema de seguro-saúde holandês. Por ocasião de um pedido de casamento, uma somali na Europa pode ter seus pontos vaginais refeitos por um ginecologista sudanês na Itália; uma sudanesa pode recorrer ao consultório italiano de um médico da Somália. Os endereços são bem conhecidos.

Após o casamento, a desconfiança contra as mulheres aumenta ainda mais — agora que a noiva foi deflorada, o medo de seu marido assume proporções ainda maiores —, ele acaba de romper a única garantia de que sua mulher nunca irá para a cama com outro homem. A partir de agora, o único meio de impedir que a esposa o engane é evitar, na medida do possível, que ela tenha acesso ao mundo externo. Ela não pode dar um passo fora de casa sem a permissão ou companhia do marido. Tal autoridade seria supostamente concedida por Alá e por tradições seculares. No século XI, o imã Al-Ghazzali, um sábio muito conhecido entre os ortodoxos, escreveu: "A mulher bem-educada [...] não deixa seu lar, a não ser com a expressa aprovação do marido e trajando roupas velhas e desprovidas de atrativos". E também: "Sempre põe os direitos do marido na frente dos seus e dos da sua família. É limpa e asseada e está sempre preparada para que ele desfrute sexualmente dela".

Uma boa esposa é obediente e dedicada a seu marido. Segundo o Alcorão,

> Os homens são os protetores e mantenedores das mulheres, porque Alá deu a estes mais [força] do que àquelas e porque eles as sustentam com seus próprios recursos. Por essa razão, as mulheres virtuosas são devotamente obedientes e guardam, na ausência [de seus maridos], o que Alá quer que guardem. Todas aquelas mulheres de cuja parte temes deslealdade e má conduta, adverte-as [primeiro], [em seguida] recusa-te a partilhar de seu leito, [e por último] pune-as [brandamente] [...].

De acordo com o grande e venerável califa Umar Al-Khattab (cujo status, para os sunitas, é quase igual ao do profeta Maomé), uma mulher deve levar trezentas chibatadas se quatro muçulmanos fiéis testemunharem que ela mentiu. Felizmente, o castigo é aplicado ao longo de três dias, de modo a limitar os ferimentos.

Mas as muçulmanas são apenas humanas e, às vezes, inventam histórias. Aos muçulmanos, é proibido fazer amor com uma mulher menstruada; isso está no Alcorão e é um excelente meio de defesa. Uma mulher que não sinta vontade de fazer amor, ou queira evitar mais uma gravidez, pode dizer que está menstruada, desculpa bem popular entre as muçulmanas e que equivale à "dor de cabeça" das ocidentais. Ou, então, pode usar contraceptivos sem o conhecimento do marido, se estes estiverem disponíveis. Algumas mulheres fazem abortos sem contar aos maridos. Isso tudo significa que a mentira é comum nos assuntos mais íntimos. É uma estratégia de sobrevivência, mas acaba se tornando um modo de vida e, quando um homem descobre que sua mulher está mentindo, confirma suas piores suspeitas.

As crianças vêem suas mães mentirem todos os dias. Por exemplo, se uma mulher admitisse ter saído sozinha, sua sogra e seu marido ficariam aborrecidos; então, ela mente. Enganar e negar tornam-se triviais. Uma confissão seria humilhante e poderia suscitar reações violentas. Em muitas famílias, as crianças não recebem mesada. Um menino que roube alguns trocados das economias da casa, quando questionado, não admitirá o que fez, pois, caso contrário, estaria sujeito a humilhações e agressões verbais. Negando-o, sua honra permanece intacta e, enquanto persistir na negação, seu pai também poderá negá-lo diante do resto do mundo. As crianças aprendem com as mães que a mentira compensa. Se não quiserem ser castigadas, devem inventar histórias.

A "jaula das virgens" tem conseqüências para as mulheres, mas também para os homens e crianças. Esta jaula é, na verdade, uma dupla prisão. As mulheres e meninas estão trancadas na jaula interior, mas, à volta desta, há uma jaula maior, na qual toda a cultura islâmica foi aprisionada. Enjaular as mulheres a fim de proteger sua virgindade provoca não apenas frustração e violência para as pessoas diretamente envolvidas, mas também atraso socioeconômico para toda a comunidade. Na verdade, as mulheres enjauladas exercem sobre as crianças uma influência nociva, especialmente sobre os meninos. Excluídas da educação e propositalmente mantidas na ignorância, ao dar à luz e criar seus filhos, a maioria das muçulmanas só pode transmitir seus limitados conhecimentos, incorrendo num círculo vicioso de ignorância passada de geração em geração.

Mesmo as mães muçulmanas da primeira geração de imigrantes no Ocidente não têm mais do que o curso primário. Muitas são analfabetas e nada sabem sobre a sociedade na qual precisam aprender a se virar. Com sorte, aquelas que imigraram ainda crianças conseguirão estudar quando mais velhas, mas enquanto seus pais continuarem a criá-las norteando-se pela moral sexual tradicional, seu progresso socioeconômico será difícil, se não impossível.

Para muitos muçulmanos, a moral sexual do islã tem conseqüências ainda mais graves. Impossibilitadas de expressar abertamente o ódio que sentem por seus maridos, algumas mulheres voltam o sentimento contra os filhos. É claro que isso não se aplica a todas as mulheres, muitas das quais encontram consolo na maternidade. Mas o relacionamento entre pais e filhos quase nunca se assemelha ao que se espera de uma sociedade individualista como a holandesa.

Evidentemente, a violência contra as mulheres também ocorre entre as famílias ocidentais, mas enquanto o Ocidente a repudia enfaticamente, a maioria das famílias muçulmanas a considera algo que as próprias mulheres provocam por desobedecer às regras. A família e o ambiente social não desaprovam essa prática. Eles julgam que, se o marido bateu, é porque a esposa fez por merecer. No Ocidente, os vizinhos, a família e os amigos não acreditam que maltratar uma mulher seja uma medida educacional aceitável.

O Alcorão atribui grande importância a valores como confiança, sinceridade e aprendizagem. Todavia, nos poucos exemplos que citei acima, podemos ver como de fato se passam as coisas na vida islâmica cotidiana — é uma situação lamentável. A desconfiança está em toda a parte e a mentira impera.

A fim de pôr a rígida moralidade sexual do islã em perspectiva, precisamos investigar e analisar suas conseqüências práticas. As relações entre os sexos devem ser descritas objetiva e criticamente. Então, com base nos dados obtidos, devem-se elaborar propostas para mudar a maneira como homens e mulheres se relacionam.

O relatório das Nações Unidas sugere que a aquisição sistemática de conhecimento não é valorizada nos países árabes islâmicos. No Alcorão, é dito que o fiel jamais deve interromper sua busca pelo conhecimento, mas está escrito também que Alá é onisciente e que todo o conhecimento provém das palavras do profeta Maomé. Essas duas posições são inconciliáveis. O estudo da biologia e da história pode ser fonte de muita confusão para uma criança muçulmana. Afinal, o começo da história é anterior ao do Alcorão, e a teoria da evolução contradiz a narrativa alcorânica da criação. A maioria dos mulás diz aos muçulmanos perplexos com essas contradições que, quando o Alcorão manda "buscar o conhecimento", isso significa que devemos ler e reler as escrituras até que, em virtude do empenho na leitura, os portões do conhecimento se abram por si mesmos.

Os valores alcorânicos são essencialmente inatingíveis pelos seres humanos. Há uma grande tensão entre o rigor desumano das exigências do islã aos fiéis e aquilo que estes são capazes de cumprir. Homens e mulheres podem querer respeitar a exigência de conservar a virgindade até o casamento, mas seus hormônios geram inclinações e pensamentos conflitantes com essa exigência e, portanto, eles são tidos como pecaminosos. A percepção da impossibilidade de se pôr em prática os rígidos preceitos islâmicos é acompanhada de dúvidas. Contudo, não é permitido duvidar do Alcorão ou da suna (uma coleção de tradições acerca da vida de Maomé). Afinal, a vida de Maomé foi exemplar. As dúvidas são passíveis de punição imediata, seja pelo meio social, seja por Alá. Mas, se as dúvidas e os pontos de vista forem alcançados sem questionamento, os seres humanos não podem adquirir conhecimento. Por conseguinte, mesmo os seguidores mais ardorosos do islã encontram-se num dilema insustentável.

Esse impasse interior faz com que os muçulmanos, homens e mulheres, sintam-se muitas vezes confusos; uma comunidade que viva de acordo com os preceitos de Maomé e do Alcorão torna-se, inevitavelmente, doentia em seu medo às contradições, em seu ódio ao questionamento externo e interno e em sua frustração por nunca estar à altura dos ideais de acordo com os quais foi ensinada a viver. Mas muitos muçulmanos se recusam a atribuir a responsabilidade por sua miséria à própria comunidade ou à moral sexual imposta pela sua religião. Em vez disso, preferem culpar Alá, o demônio ou outras fontes externas, como os judeus, os americanos ou o colonialismo. Os muçulmanos não reconhecem que, de fato, a busca por uma vida baseada em seu próprio livro sagrado é a maior fonte de sua infelicidade.

Grande parte dos muçulmanos encontra na negação um meio de lidar com as contradições. Eles dizem: "Jamais perguntarei a minha mulher se ela é virgem. Não me importo. Deixo isso nas mãos de Alá". E assim sobrevivem.

Para escapar da jaula em que estão presos e na qual aprisionam suas mulheres, os muçulmanos devem começar a praticar a autocrítica pondo à prova os valores morais que extraem do Alcorão. Os 15 milhões de muçulmanos que vivem no Ocidente estão em melhores condições de fazê-lo, graças a seus direitos e liberdades civis, da qual a liberdade de expressão não é a menos importante. Na Europa, um muçulmano pode examinar detidamente os fundamentos de sua fé sem temer uma sentença de prisão ou, como acontece nos países árabes islâmicos, a pena de morte. Ni Putes Ni Soumises [Nem putas nem submissas], o grupo francês de muçulmanas que protesta contra os estupros coletivos cometidos por muçulmanos, é um exemplo de organização que faz uso da liberdade de expressão. Sua líder, Samira Bellil, foi, ela mesma, vítima de um estupro coletivo. Um protesto semelhante seria virtualmente impossível em qualquer país islâmico. Outro exemplo é o panfleto "Abaixo o véu!", da iraniana Chahdortt Djavann. No Irã, onde o véu é obrigatório, esse panfleto jamais seria publicado. Vários outros escritores e pensadores de origem islâmica também se beneficiam das liberdades ocidentais, por exemplo, a romancista Hafid Bouazza e o filósofo Afshin Ellian, ambos escrevendo na Holanda. Talvez, algum dia, suas obras sejam traduzidas para o árabe ou o persa, mas, no momento, estão banidas na maioria dos países islâmicos. O filósofo de origem paquistanesa Ibn Warraq, autor de *Why I am not a Muslim* [Por que não sou muçulmano], é talvez o escritor que melhor identificou os problemas do mundo islâmico. O fato de que esse homem corajoso escreve sob pseudônimo mostra que nem mesmo no Ocidente ele se sente seguro.

Os muçulmanos que vivem no Ocidente têm maior acesso a informações, em especial à longa tradição ocidental de críticas à religião. Podem obter conhecimento não só de bibliotecas e universidades, mas também de outras pessoas, podendo assim exercer uma visão crítica à sua própria fé.

A autocrítica é possível para os muçulmanos no mundo ocidental porque o Ocidente, especialmente os Estados Unidos, está travando uma guerra contra o terrorismo islâmico. Paradoxalmente, os ataques de 11 de setembro geraram uma enorme fascinação pelo islã. Esse fascínio — que, é forçoso admitir, origina-se em grande parte de um instinto de autopreservação — dá aos muçulmanos, no Ocidente, uma rara oportunidade de escapar de sua jaula psicológica.

Todavia, apesar dessas circunstâncias favoráveis, muitos muçulmanos ocidentais ainda são mais influenciados pelo pensamento islâmico conservador do que, por exemplo, pelas idéias da socióloga Fatima Mernissi, autora de *Beyond the veil: male-female dynamics in modern Muslim society* [Além do véu: a dinâmica masculino-feminina na sociedade muçulmana moderna], uma cientista que recebeu influências do pensamento ocidental. Reconheço, é claro, que nem todos os 15 milhões de muçulmanos estão dispostos a adotar um ponto de vista crítico em relação ao profeta Maomé e que alguns deles recorrerão a ameaças e intimidações, podendo mesmo chegar ao ponto de fazer justiça com as próprias mãos e cometer assassinatos. Mas me surpreendo ao ver que muitas mulheres ainda demonstram forte resistência a mudanças, por exemplo, pelo uso ostensivo do *hijab*. Muitas mulheres dizem que não o usavam na Turquia mas passaram a usá-lo depois de chegar à Holanda. Essa atitude reacionária exerce um efeito desalentador sobre os muçulmanos progressistas da Europa.

Há três tipos de muçulmanos no Ocidente. O primeiro constitui uma minoria silenciosa, que não segue os preceitos do islã e compreende muito bem que o futuro está no individualismo. Essas pessoas estão se despedindo em silêncio do islã. Trabalham duro e, quando têm condições, mudam-se para uma área melhor, põem os filhos na universidade e não se envolvem na acalorada discussão contemporânea sobre o islã travada no Ocidente.

Um segundo grupo sente-se profundamente agredido por críticas externas, recebendo-as como ofensas pessoais. Há gerações, esses muçulmanos estão habituados a buscar os culpados por seus infortúnios fora de si mesmos, do Alcorão e do profeta Maomé.

Há, finalmente, os muçulmanos progressistas. Esse grupo é composto por indivíduos que dizem: "Vamos nos examinar e descobrir o que está errado". Querem desmontar a jaula, peça por peça, para que mais gente consiga escapar. Mas essas tentativas de libertar os muçulmanos no Ocidente estão sendo frustradas por reações veementemente negativas que partem, justamente, dos ocidentais seculares. Os poucos muçulmanos esclarecidos enfrentam a oposição direta dos relativistas culturais do Ocidente, que dizem: "Isso faz parte da cultura, não pode ser menosprezado". Ou ainda: "Ao criticar o islã, vocês ofendem seu próprio povo, isso faz de vocês racistas e islamófobos". Já cheguei a ser chamada de fundamentalista do esclarecimento, o que, na minha interpretação, significa que sou tão radical em minha defesa dos direitos individuais — como se isso fosse negativo — quanto os fundamentalistas islâmicos em defesa da doutrina religiosa. Por isso, a jaula resiste. Foi firmada uma espécie de pacto satânico entre os ocidentais que ganham a vida protegendo os interesses dos muçulmanos, dando-lhes assistência e cooperando com seu desenvolvimento, e os muçulmanos que têm um interesse pessoal na jaula — um interesse míope, egoísta e de curto prazo.

Há cinco anos, eu ainda pertencia à maioria silenciosa; acreditava estar vivendo num país livre. Julgava que uma mulher espancada que tolere seu sofrimento é responsável pelo próprio infortúnio. Pensava que, em seu lugar, eu fugiria. Eu não teria meu hímen restaurado. Começaria minha vida novamente, aqui e agora. Mas hoje penso de maneira diferente. Percebo o quanto a educação recebida por uma criança é importante, não apenas por ser o começo de uma vida, mas também porque, na cultura islâmica, é o momento em que se constrói a jaula. O condicionamento psicológico é muito poderoso, e é preciso muita energia e força mental e de vontade para se livrar dele. Muitas meninas muçulmanas são educadas de acordo com o Alcorão e com o exemplo do profeta Maomé para serem subservientes e submissas. Será muito difícil para elas libertar-se desta jaula quando forem mais velhas. Espera-se de todo muçulmano que se submeta à vontade de Alá, mas as meninas e as mulheres são as que mais têm de se submeter. Essa educação pode ter uma influência tão grande que as mulheres nunca cheguem a se libertar da jaula. Por haver internalizado sua subordinação, não a enxergam mais como uma opressão de origem externa, mas como um sólido escudo interno. As mulheres que dominam as estratégias de sobrevivência extraem um certo orgulho desse modo de vida. São como prisioneiros acometidos pela Síndrome de Estocolmo, na qual os reféns se apaixonam por seus captores e estabelecem com eles um contato íntimo e profundo. Mas essa é uma intimidade doentia, comparável à dos escravos, cuja submissão não é apenas corporal, mas também psicológica, e que preferem a segurança de sua existência de escravidão a uma liberdade que lhes parece traiçoeira.

Quando estive com as seguidoras do movimento turco Milli Görüs, encontrei mulheres determinadas e clamorosas, quase a ponto de se tornarem agressivas. Eram ferozes defensoras de sua própria opressão: "Eu *quero* usar o *hijab*, eu quero obedecer a meu marido". Conheci também mulheres marroquinas que diziam: "Quero usar o *hijab*, porque Alá, o Altíssimo, o ordenou". "Bem", respondi, "se vocês querem fazer tudo o que Alá, o Altíssimo, disse, então vocês continuarão na jaula."

Enquanto isso, muitos aguardam o surgimento de um movimento iluminista no islã. Mas o esclarecimento não se dará por si mesmo. É por isso que a maneira pela qual os muçulmanos pensam o islã tem de mudar. Os muçulmanos precisam pensar de uma forma diferente sobre como lidar com a fé, sobre a vida e como dar sentido a ela e sobre sua própria moral sexual. Os poucos muçulmanos que conquistaram sua individualidade podem mostrar um espelho para a comunidade da qual emergiram, para forçá-los a encarar sua individualidade ainda subdesenvolvida, obrigá-los a ver o "eu" constantemente oprimido e tolhido pelo dogma, pelos preceitos e pela sufocante cultura da fofoca que impera na maioria das comunidades islâmicas. Emancipação não significa libertar ou defender a comunidade dos fiéis da ameaça externa de forças maléficas, tais como o colonialismo, o capitalismo, os judeus e os americanos. Significa libertar o indivíduo dessa mesma comunidade dos fiéis. E para libertarem-se enquanto indivíduos, homens e mulheres precisam primeiro mudar seu modo de pensar a sexualidade.

A melhor maneira de a cultura islâmica se libertar de seu atraso é parar de culpar os outros por ele. Os homens e mulheres muçulmanos devem reavaliar atentamente, sua moralidade sexual e sua aceitação da autoridade moral do islamismo. Devem determinar também de que modo a moral prescrita é, de fato, praticada; quais são suas conseqüências e resultados na vida real. Por exemplo, quantos são capazes de fazer jus ao padrão pelo qual todos devem se manter puros e castos até o matrimônio, como é da vontade de Alá de acordo com o Alcorão? De que modo homens e mulheres de fato se relacionam uns com os outros no mundo real, na vida cotidiana? Em que medida a violência familiar e a violência contra a mulher são uma conseqüência indesejada da busca por um ideal inatingível de assegurar um bom lugar na vida eterna? Seriam a superpopulação e o crescimento das doenças sexualmente transmissíveis nos países islâmicos, especialmente da AIDS, conseqüência direta da moral sexual em vigor?

E quanto ao aumento no número de abortos entre os muçulmanos no Ocidente?

Em vez de empregar dinheiro e energia no desenvolvimento de uma bomba atômica ainda maior — como estão fazendo o Paquistão e o Irã —, o mundo islâmico faria melhor em dedicar-se a um exame crítico de sua própria moralidade sexual e dos efeitos sufocantes de suas próprias culturas e sociedades, e à elaboração de propostas de mudança.

A pesquisa científica e humanística é necessária, mas não suficiente para superar os desafios culturais envolvidos em fazer com que grandes grupos de pessoas alterem suas posturas. Quase todos os livros sobre o islã escritos por muçulmanos são textos educacionais e guias de como proceder de acordo com os preceitos do Alcorão e do Hadith, estudos teológicos onde é difícil encontrar algo novo ou criativo. Ao lado destes, há romances de autores muçulmanos tratando de amor, política e crime, nos quais o papel do islã e o profeta Maomé são escrupulosamente evitados, embora o tom moral subjacente seja de que os preceitos religiosos devem ser observados, pois, do contrário, as coisas podem acabar mal. A maior parte das telenovelas islâmicas, transmitidas via satélite para todo o mundo, tem em comum não apenas as más interpretações, mas também a adesão à moralidade sexual islâmica no relacionamento entre os protagonistas. A mensagem é que um casal de jovens que decida unir-se por amor não será feliz, ao passo que, numa união arranjada pelas famílias, tudo terminará bem, com um esplêndido casamento, montes de ouro e lágrimas de alegria.

A cultura muçulmana não precisa dessa baboseira, mas de livros, telenovelas, poesia e canções que retratem o que de fato acontece e satirizem preceitos religiosos, como os apresentados em *Usos e costumes no islã* e no *Guia da educação islâmica*, livros que foram traduzidos do árabe para o holandês e distribuídos na

Holanda. A sátira é uma necessidade premente, precisa ter lugar. O livro *Um vislumbre do inferno*, que diz o que nos espera no além, daria uma ótima paródia cinematográfica. No momento em que surgir algo parecido com *A vida de Brian* do Monty Python, tendo Maomé como protagonista, dirigido por uma versão árabe de Theo van Gogh, o controvertido cineasta holandês já falecido, teremos dado um gigantesco passo adiante. Queria ver Maomé com suas nove mulheres em um filme como *Ben-Hur*. Os poetas árabes muitas vezes se julgam melhores que Shakespeare. Mas, se isso é verdade, onde está o *Romeu e Julieta* islâmico? E quem é a Maddona marroquina que cantará "Like a prayer"? Será que um diretor ao estilo de David Potter, que faça um filme onde o batom de uma mulher árabe vá parar no colarinho de um general iraniano, seria ao menos imaginável no mundo muçulmano?

Avanços modernizadores estão acontecendo na Turquia, no Marrocos, na Indonésia e em outros países, mas os campeões da modernização enfrentarão muita resistência de irmãos e irmãs muçulmanos que prefeririam passar mais alguns séculos na jaula das virgens. Aos ocidentais, cabe também uma tarefa importante: não cair na tentação de proteger os muçulmanos "agredidos". É do interesse dos mundos islâmico *e* ocidental promover o florescimento de uma cultura de autocrítica entre os muçulmanos e defendê-la sempre que possível. O mundo islâmico atravessa uma grave crise, que constitui também uma ameaça para o Ocidente; esta abarca não apenas o terrorismo, mas também os fluxos migratórios e o risco da eclosão de guerras civis no Oriente Médio — a maior fonte de petróleo para os países ocidentais. Tal ameaça só poderá ser debelada quando o mundo muçulmano promover uma reforma interna, com o auxílio ocidental. A reforma do mundo islâmico é do interesse de todos.

4. Queremos nosso Voltaire

Ninguém que acompanhe os debates desde 11 de setembro — nos jornais, na televisão e na arena política — pôde deixar de notar o aumento acentuado nas críticas ao islã em todo o Ocidente. A principal pergunta que se faz é se o islã é compatível, em sua forma atual, com o sistema da democracia constitucional. Deveria o islã iniciar um período de esclarecimento e modernização? O islã precisa de um Voltaire que convide os muçulmanos a se libertar das superstições, a usar a mente e não a emoção, para constatar, como ele o fez no século XVIII, que "Nada pode ser mais contrário à religião e ao clero do que a razão e o senso comum". E também que "As verdades da religião nunca são tão bem compreendidas como por aqueles que perderam a faculdade de raciocinar". Há algum muçulmano esclarecido, homem ou mulher, que possa ficar ao lado de Voltaire e dizer: "Pensar na virgindade como uma virtude — e não como uma barreira separando a ignorância do conhecimento — é uma superstição infantil?". Onde está a mordaz autocrítica do islã? Ou será que é o Ocidente que deveria ouvir a voz crítica de Voltaire e examinar a si mesmo e seu compromisso com seus princípios morais? Como escreveu Thomas L. Friedman, os ocidentais devem exigir de árabes e muçulmanos os mesmos elevados padrões morais que adotam para si.

No intuito de responder à questão da compatibilidade entre o islamismo contemporâneo e a cultura ocidental, faz sentido comparar esses dois mundos.

O fundamentalismo islâmico e o islã político não surgiram repentinamente do nada. Foi preciso um solo fértil onde pudessem deitar raízes e crescer, antes de assumir as perigosíssimas formas com que nos defrontamos desde o 11 de setembro. Esse solo é criado pelo modo como, no mundo islâmico, o islã é ensinado todos os dias aos muçulmanos. Por maior que seja a diversidade no seio da comunidade islâmica, é o ensino do islã e a maneira como suas doutrinas são aplicadas à vida real que preparam o solo para o crescimento do fundamentalismo e, em última instância, do terrorismo.

O escritor Leon de Winter, mais conhecido pela tese de que a Terceira Guerra Mundial está sendo travada entre o Ocidente e os terroristas, aponta uma série de práticas nocivas que têm lugar em alguns países islâmicos. Discordo de sua opinião quanto à Terceira Guerra, mas sua descrição do mundo islâmico é surpreendentemente acurada. De início, De Winter dá uma excelente descrição da ideologia que inspirou os terroristas de 11 de setembro e seus seguidores. Seu arcabouço religioso e ideológico se compõe de "força e fraqueza, domínio e humilhação, eternidade e transitoriedade, claridade e escuridão", e seus atos são atribuídos à justiça divina que os justifica.

Minha própria experiência confirma que o mundo islâmico se divide de acordo com uma rígida hierarquia. Alá é o Todo-Poderoso, e o homem, Seu escravo, que deve obediência às leis divinas. Aqueles que crêem nas palavras do Alcorão, acreditam em Alá e aceitam Maomé como Seu profeta estão acima dos seguidores de outras religiões. Os muçulmanos praticantes são as "tribos das Escrituras" e são igualmente superiores aos que perderam a fé e aos infiéis. Os homens têm precedência sobre as mulheres, e os filhos devem obediência aos pais. Quem desobedece a essas regras deve ser humilhado ou assassinado em nome de Deus.

A vida terrena é transitória. Ela oferece aos fiéis uma chance de provar seu temor a Deus pelo estrito cumprimento de suas obrigações para com ele, o que lhes garantirá um lugar no céu. Os infiéis servem apenas de exemplo de como a vida não deve ser conduzida. *Halal* (o permitido) e *haram* (o proibido) são os dois conceitos centrais que norteiam a vida cotidiana. Sua aplicação se estende a todos os muçulmanos do mundo, e afeta todos os aspectos da vida. Há regras fixas que determinam exatamente como se deve pensar, sentir e agir e o que deve ser evitado; estas aplicam-se igualmente aos domínios público e privado da vida de um muçulmano. A xariá, ou lei islâmica, tem prioridade sobre qualquer lei ou regra instituída pelo homem. É dever de todo muçulmano segui-la tão estritamente quanto possível. Os fundamentalistas se aproveitam dessa expectativa para, muitas vezes, acusar os muçulmanos moderados de viverem em desacordo com a doutrina islâmica.

Desde cedo, nós muçulmanos aprendemos tudo isso dos pais e nas mesquitas e madraçais (escolas para o estudo do Alcorão, que se tornaram, em muitos países, escolas para fundamentalistas islâmicos). Além disso, na Europa e nos Estados Unidos, os muçulmanos recebem lições adicionais pelos escritos de autores como Yusuf al-Qaradawi, tido por alguns como um teólogo muçulmano moderado e um interlocutor apropriado para o Ocidente. Na verdade, as opiniões de al-Qaradawi estão longe de ser moderadas. No livro *The lawful and the prohibited in Islam* [O lícito e o proibido no islã] — destinado exclusivamente aos muçulmanos ocidentais —, ele escreve que a comunidade islâmica tem o dever de adquirir habilidades militares, de modo a estar preparada para proteger-se dos inimigos de Deus e defender a honra do islã. Segundo al-Qaradawi, os muçulmanos que não o fazem cometem um grave pecado. Um pouco mais adiante em seu livro, o teólogo comenta que as leis criadas pelo homem são todas incompletas e limitadas, pois os legisladores se restringem às questões materiais, negligenciando as exigências da religião e da moralidade. É difícil para um não-muçulmano compreender a gravidade do abalo que tal afirmação pode representar para o processo legislativo democrático aos olhos de um leitor muçulmano "ocidentalizado".

De Winter acertadamente descreve a experiência prática do islã como um drama diário no qual "uma série de santos, fantasmas, anjos e pequenos demônios são coadjuvantes significativos. Assim, o muçulmano conservador aceita que seus inimigos possam ter poderes sobrenaturais, empregados em urdir complôs e, é claro, o muçulmano médio não sabe como lidar com tais poderes". Nesse contexto, De Winter cita o professor israelense Emmanuel Sivan, autor de um estudo sobre o fundamentalismo: "Um mundo habitado por fantasmas, os espíritos dos mortos e djins (criaturas invisíveis), algumas boas, outras más; um mundo acossado pela mágica de um Satã sedutor e de seus demônios, onde homens santos e anjos e, se necessário, milagres libertam os que crêem; um mundo no qual a comunicação com os mortos (especialmente os da própria família) é algo corriqueiro e onde a presença do sobrenatural é tida como uma realidade quase tangível".

Como muçulmana, reconheço essas descrições. No mundo todo, os muçulmanos são criados com o mesmo tipo de crença no sobrenatural. Toda a vida cotidiana está voltada para a existência do além. Quem partilha dessas crenças não está longe de acreditar que se pode, pelo martírio, conquistar um lugar no paraíso, o que constitui um modo de pensar muito distante da racionalidade. Seria interessante examinar em que medida a superstição e a falta de senso comum na prática do islã estão relacionadas à atração que a ideologia de Bin Laden exerce sobre tantos muçulmanos. Ele se aproveita dos sonhos e fantasias mais vívidos dos muçulmanos, que não querem assumir a responsabilidade por seus próprios atos e pela situação em que se encontram, atribuindo a culpa por seus problemas e os de seu país a "autoridades" estrangeiras — ao Ocidente, aos Estados Unidos.

Muitos madraçais incutem nos estudantes um ódio irracional pelos judeus e uma aversão aos infiéis, uma mensagem também freqüentemente repetida nas mesquitas. Nos livros, nas fitas cassete e na mídia, os judeus são consistentemente retratados como os instigadores do mal. Eu mesma sofri os efeitos insidiosos de anos dessa doutrinação: na primeira vez que vi um judeu com meus próprios olhos, me surpreendi por encontrar um ser humano de carne e osso.

De Winter escreve que o ódio sentido atualmente por muitos muçulmanos — origem de fortes sentimentos antiamericanos e idéias conspiratórias — não tem raízes apenas na pobreza socioeconômica dos muçulmanos em comparação a cristãos e judeus. "O ódio provém também de uma experiência religiosa irracional e conservadora, na qual Satã está vivo." Indo ainda mais longe do que De Winter, eu gostaria de ressaltar que esse tipo de experiência religiosa não ocorre apenas entre radicais e fundamentalistas, mas é freqüente também entre os muçulmanos comuns. A diferença é que os fanáticos não se limitam a odiar e estão preparados para cometer atos terroristas.

Todo muçulmano aprende a pensar na vida terrena como um investimento no além, pela obediência à vontade e às leis de Deus. Os valores da comunidade — honra e submissão — são muito mais importantes do que a autonomia do indivíduo. A religião não é considerada como um instrumento, que pode ou não ser usado pelo indivíduo para dar sentido à sua vida. Ela é o absoluto. Espera-se que o indivíduo aceite sua religião e se devote a Deus de acordo com o sentido literal da palavra *islã*: submissão à vontade de Deus.

Muitos dos que são criados e vivem segundo as tradições islâmicas, sendo suscetíveis ao fundamentalismo e ao radicalismo, tendem a viver passivamente guiados por um senso de fatalismo. Um muçulmano praticante que tente se tornar membro integral da sociedade ocidental se vê numa situação difícil. Ao imigrar para o Ocidente, os muçulmanos se deparam com um mundo de pernas para o ar.

Diferentemente da sociedade islâmica, o Ocidente dá muita importância à independência e responsabilidade pessoal do indivíduo e à necessidade de se investir nesta vida. O sucesso se mede pela educação e pelo emprego, não pela piedade. As sociedades ocidentais não são dominadas por uma ideologia única; nelas coexistem várias ideologias. Em uma democracia funcional, a Constituição do Estado é considerada mais importante do que o livro sagrado de Deus, seja esse livro qual for, e Deus só tem relevância na vida privada. O relacionamento e as interações entre as pessoas são regulados por leis e regras estabelecidas pelo povo, não por poderes divinos, podendo ser modificados, adaptados ou substituídos. Todos são iguais perante a lei, mesmo aqueles cujo estilo de vida difere do da maioria. As mulheres têm, legalmente, as mesmas oportunidades (embora isso nem sempre ocorra na prática). A homossexualidade não é um pecado punido com a morte, nem é considerada uma ameaça à sobrevivência da espécie humana, mas vista como uma forma de amor, tão normal quanto a heterossexual. Além disso, o amor e o sexo não se restringem ao casamento, mas podem ser desfrutados, de comum acordo, por duas pessoas. A democracia assegura a liberdade para evitar ou planejar uma gravidez e meios de proteção contra doenças sexualmente transmissíveis.

No Ocidente, os muçulmanos podem ver que os judeus não são monstros hostis ao islã, que querem fazer a guerra contra eles, destruir sua esperança e espalhar o medo, mas pessoas comuns, com sua própria história de horror na Europa — o Holocausto. No Ocidente, a prosperidade e a miséria não são produto da vontade de Deus, mas da ação humana. A sociedade pode ser moldada; o indivíduo pode influenciar o seu entorno. E o além não tem grande importância. Quem quiser acreditar nele pode decidir por si mesmo, sem necessidade de intervenção oficial ou estatal. Muito do que é proibido pelo islã é valorizado nas sociedades ocidentais, enquanto, no Ocidente, muitos deveres muçulmanos são rejeitados e tidos como atrasados.

Poucos muçulmanos são de fato capazes de uma visão crítica de sua fé. Espíritos críticos como Afshin Ellian, na Holanda, e Salman Rushdie, na Inglaterra, são exceções. Em lugar de autocrítica, nos é oferecida uma série de negações, ou uma lista de fatores externos e conspirações, como "verdadeiras causas" de tudo o que deu errado no mundo muçulmano. Os muçulmanos são defensivos, mesmo quando se critica os islamitas responsáveis pelo 11 de setembro. E muitos pensadores e políticos ocidentais reforçam essa resistência muçulmana à auto-reflexão, desviando os olhos do islã. Acomodados em sua complacência, opinam: "Tudo bem, nós também já passamos por isso. Na Idade das Trevas, a Igreja dominava o Ocidente. Não se preocupem, tudo vai acabar bem para o islã". Não sabem do que estão falando.

O islamismo dos dias atuais não é compatível com as expectativas dos países ocidentais. O islã precisa de um esclarecimento. As sociedades islâmicas ainda enfrentam os problemas da Idade das Trevas (preconceitos, estreiteza de pensamento, superstição) que afligiam as sociedades cristãs antes que a Reforma e a Idade da Razão questionassem dogmas centrais. Mas é improvável que esse movimento parta de dentro do mundo islâmico. Escritores, acadêmicos e jornalistas que expressem suas críticas são forçados a se refugiar no Ocidente. Suas obras são banidas em seus próprios países.

O que, então, podem fazer os ocidentais? Em plano internacional, líderes como Blair e Bush precisam parar de dizer que o islã está servindo de refém a uma minoria terrorista. Eles estão errados. O islã é refém de si mesmo. Seria mais proveitoso se eles confrontassem a Arábia Saudita com o fato de que seu regime repressivo, sua pressão demográfica e seu sistema tendencioso de educação religiosa produziram um solo fértil para extremistas. Quase cinco anos depois do 11 de setembro, pouco se fez quanto a essas questões.

Na Holanda e no resto da Europa, a maioria branca pode ajudar a minoria islâmica ao não menosprezar a gravidade da atual crise do islã. Ao questionar as atitudes absolutistas em relação ao Alcorão e à infalibilidade do profeta Maomé, os muçulmanos do Ocidente podem aprender com as questões e críticas feitas ao islã desde o 11 de setembro. As minorias deveriam sofrer maior pressão para se integrarem plenamente às culturas locais e nacionais. As democracias deveriam promover as vozes dissonantes e patrocinar os muçulmanos dissidentes no Ocidente, para que a retórica religiosa maniqueísta e imbecilizante, à qual milhões de muçulmanos são expostos todos os dias, tenha um contraponto.

Que os Voltaires muçulmanos de hoje trabalhem num ambiente seguro pelo esclarecimento do islã, o qual levará a um esclarecimento internacional, quando os poderes da razão e da responsabilidade individual libertarem as mentes dos muçulmanos do peso do além, do constante sentimento de culpa e da tentação do fundamentalismo. Ainda aprenderemos a nos sentir responsáveis por nossos problemas e defasagens. Queremos nosso Voltaire.

5. O que deu errado?

Um choque cultural moderno

Dos imigrantes, espera-se que adotem certos padrões e valores, que são parte integrante da sociedade ocidental, e que se comportem de acordo com eles. No debate acerca da integração, denuncia-se o comportamento dos muçulmanos que não se ajustam a esses padrões, mas as causas subjacentes são com freqüência postas de lado. Os ocidentais condenam a poligamia, a vendeta e o abuso das mulheres; queremos melhorar a educação e reduzir o desemprego; conhecemos o nexo causal entre escolaridade incompleta e criminalidade. Mas, mesmo assim, preferimos não discutir as raízes culturais e religiosas dessas injustiças e problemas. Simplesmente ignoramos o fato de que costumes tradicionais e opiniões religiosas ortodoxas constituem um obstáculo à integração.

É evidente que "modelos e idéias antigas" ainda continuarão exercendo influência sobre os muçulmanos por um longo tempo. Para isso contribuem os imãs ultraconservadores, os casamentos com pretendentes importados, o crescimento do interesse nas doutrinas islâmicas e as emissoras de televisão de tendência fundamentalista. A política de integração ao Ocidente deve tratar da lamentável correlação entre o limitado desenvolvimento cultural de amplos setores da população muçulmana e sua condição social desfavorável.

Os princípios básicos do islã tradicional, combinados aos antigos costumes dos grupos étnicos, colidem com os valores e padrões elementares da sociedade ocidental. O fracasso na adoção dos valores da sociedade hospedeira e a persistência nos padrões do país de origem explicam, em grande medida, a defasagem social e econômica de muitos muçulmanos na Holanda. Apoiando-me nos escritos de três autores — Karen Armstrong, Bernard Lewis e David Pryce-Jones —, afirmo que a fé islâmica se presta mais do que qualquer outra à preservação de costumes e tradições pré-modernos. Pois, no islã, há uma estreita ligação entre cultura e religião, e muitas práticas inaceitáveis — aos olhos dos ocidentais — são legitimadas por versículos do Alcorão. O mundo intelectual islâmico é um reflexo da estagnação que aprisionou essa religião, alguns séculos após seu nascimento.

Essa mentalidade pré-moderna continuará atuando contra a integração dos muçulmanos ao Ocidente. Mas existem quatro diferentes modelos de solução para os problemas da integração: o político-legal, o (exclusivamente) socioeconômico, o multicultural e o sociocultural. Em maior ou menor grau, todos levam em consideração o contexto cultural e religioso dos imigrantes muçulmanos.

RELEVÂNCIA SOCIAL

É evidente que os imigrantes do Suriname, das Antilhas, de Gana (cristãos) e da China (para citar apenas alguns grupos) também enfrentam problemas, mas os muçulmanos têm dificuldades muito específicas, provenientes da religião e da cultura, para adaptar-se a uma sociedade ocidental moderna. Trata-se aqui da "religião como fator formador da cultura, com um sistema de valores e princípios morais derivado de idéias sobre a Verdade Divina e, com base nesta, uma comunidade que é uma tradução natural de uma ordem moral superior". A queda no número de jovens que freqüentam as mesquitas de modo algum significa que estes não se consideram muçulmanos. Para muitos muçulmanos não praticantes, a essência de sua identidade e o sistema de valores e princípios morais pelos quais vivem permanecem islâmicos.

Na Holanda e em outros países da Europa ocidental, os muçulmanos são imigrantes da Turquia e do Marrocos que vieram procurar trabalho e tiveram seus filhos no Ocidente. No ano 2000, essas comunidades holandesas somavam 309 mil e 262 mil membros registrados, respectivamente. Além disso, a última década registrou um afluxo considerável de exilados do Iraque (38 mil), da Somália (30 mil), do Afeganistão (26 mil) e do Irã (24 mil). No ano 2000, a Holanda recebeu um total de aproximadamente 35 mil imigrantes do Paquistão, da Tunísia e da Argélia. Em virtude da reunião de famílias e do nascimento de crianças, espera-se, para as próximas décadas, um crescimento dramático dessas comunidades. Alguns dados:

• Os muçulmanos constituem atualmente a maior categoria ideológica da comunidade de imigrantes. Em números absolutos, isso significa 736 mil muçulmanos. A maior parte deles permanece fortemente voltada para suas próprias comunidades, e é grande a proporção de casamentos com parceiros islâmicos estrangeiros (quase três quartos de casamentos com turcos e marroquinos), comparada ao número reduzido de uniões com parceiros holandeses (provavelmente inferior a 5%). "A ampla maioria, especialmente aqueles que vêm de países islâmicos, não se integra

[...] Seu perfil demográfico é tradicional, e o que mais desperta a atenção é que a primeira e a segunda geração não parecem diferir neste aspecto." A preservação de costumes antigos (como casar e ter filhos cedo) numa sociedade moderna torna-se um obstáculo substancial à mobilidade e integração social. Os filhos dessas famílias seguirão as pegadas de seus pais, que têm pouca ou nenhuma educação. "E é claro que a sua mobilidade social depende muito de ter dedicado um certo período de tempo à educação, o que não é compatível com casar cedo e ter filhos logo."

• Na Holanda, os muçulmanos residem principalmente nas áreas carentes das grandes e médias cidades. Sua educação é, em geral, escassa. A maioria dos turcos e marroquinos provém dos estratos sociais mais baixos de seus países de origem. Boa parte dos exilados não tem quase nenhuma escolaridade. O índice de abandono da escola entre as crianças muçulmanas é relativamente alto. Mesmo as mulheres que chegam à educação superior são forçadas pelas famílias a se casar, o que freqüentemente resulta na interrupção da educação. O desemprego entre os muçulmanos ainda é de duas a três vezes maior do que entre a população nativa. Aqueles que estão empregados muitas vezes trabalham em setores sensíveis a flutuações econômicas, como o comércio varejista e os serviços de bufê. Sua dependência da Assistência Social é relativamente alta. Os índices de criminalidade são desproporcionalmente elevados. Frank Bovenkerk e Yucel Yesilgöz chegam a chamar esses números de alarmantes.

• Desde os ataques de 11 de setembro e dos resultados da eleição de 15 de maio de 2002 (as eleições parlamentares nacionais na Holanda) — cujo principal tema foi a integração das minorias e dos muçulmanos na sociedade holandesa — a questão da integração muçulmana se tornou mais urgente. O tom da discussão está se tornando mais grave e a mídia dá muita atenção à dimensão política radical do islã, à qual os muçulmanos da Holanda, e de outros países ocidentais, parecem suscetíveis.

O MUNDO DO ISLÃ

Na tentativa de compreender a fé islâmica, os pesquisadores muitas vezes separam a religião de suas origens sociais. Descrevem a diversidade teológica do islã, narram sua história filosófica ou a retratam como uma jornada espiritual interior. Raras são as análises das origens dessa religião mundial de um ponto de vista sociológico.

Isso não é de surpreender, posto que o islã, até recentemente, não tinha real presença na Europa ocidental e era objeto de pesquisa apenas para um restrito círculo de orientalistas clássicos, cujas conclusões tinham a marca de seus métodos e interesses pessoais. Mesmo entre os acadêmicos muçulmanos respeitados, há pouquíssima investigação sociológica sobre o islã.

Lewis e Pryce-Jones discutem três características estreitamente relacionadas ao mundo mental do islã tradicional. Segundo eles, a identidade religiosa e cultural dos muçulmanos caracteriza-se por:

- uma mentalidade hierárquica e autoritária: "O chefe é todo-poderoso; aos outros cabe apenas obedecer";
- identidade de grupo: "O grupo sempre vem antes do indivíduo"; quem não pertence ao clã ou à tribo é tratado com desconfiança ou, ao menos, não é levado a sério;
- uma mentalidade patriarcal e uma cultura da vergonha: a função da mulher é reprodutiva e ela deve obedecer aos seus parentes homens; não fazê-lo é envergonhar a família.

A identidade islâmica (visão do homem e do mundo) baseia-se nos grupos. Honra e desgraça, ou vergonha, são seus conceitos centrais. A "honra" está fortemente associada ao grupo. Os grupos significativos, por ordem de tamanho, são a família, o clã, a tribo e, em última instância, a comunidade dos fiéis (*umma*).

No contexto da comunidade dos fiéis, o fato de alguém se declarar muçulmano basta para que os outros muçulmanos se considerem mais próximos dele do que de qualquer não-muçulmano. Os muçulmanos sentem-se emocionalmente ligados a seus irmãos e irmãs que são oprimidos em outras partes do mundo. Quando um grupo islâmico — não importa onde — sofre ou é vítima de opressão (Caxemira, Palestina), a comunidade dos fiéis é comumente descrita como um corpo que sangra e sente dor.

No contexto de uma mesma tribo ou raça, alguém da mesma região ou país está mais próximo do que quem vem de uma terra distante. Isso não implica necessariamente partilhar de uma mesma nacionalidade (um conceito moderno). Um curdo da Turquia se sente irmanado a um curdo do Iraque ou do Irã e — devido a uma longa história de guerras e hostilidades — *não* a seus vizinhos turcos.

Nos círculos da família e do (sub)clã, é fonte de honra ter tantos filhos homens quanto possível. É por isso que os muçulmanos freqüentemente casam cedo e têm mais de uma esposa. A posição subalterna da mulher é conseqüência desse desejo cultural de ter muitos filhos do sexo masculino. Há duas razões para isso. Em primeiro lugar, os filhos sempre recebem o sobrenome do pai e nunca o da mãe (isto é, o sobrenome do pai *dela*). Quando a mulher se casa fora do subclã e tem filhos, serve aos interesses de um subclã rival. Devido à desconfiança dos (sub)clãs rivais (nunca se sabe se eles se tornarão mais fortes e agressivos e o atacarão), o casamento entre primos costuma ser incentivado. O desejo de ter muitos filhos pode levar a uma explosão populacional incontrolável. E os casamentos consangüíneos acarretam riscos consideráveis para a saúde dos descendentes.

Em segundo lugar, uma mulher pode manchar a honra do pai e, conseqüentemente, do clã, o que, muitas vezes, tem efeitos terríveis. Ela pode fazê-lo ao vestir-se de modo inapropriado fora de casa ou ao sair com um namorado antes do casamento. A punição inclui advertências verbais, agressões físicas, expulsão e até assassinato. O resultado é, quase invariavelmente, que nenhum homem desejará casar-se com ela. A família perde status e a mulher permanece como uma carga financeira. Sua presença na casa paterna é uma lembrança permanente da vergonha que ela causou à família e ao clã. Em outras palavras, o indivíduo está totalmente subordinado ao coletivo. Toda criança tem de aprender suas habilidades sociais numa cultura da vergonha, centrada nos conceitos de honra e desgraça. Nesse modo de pensar, não há nenhum espaço para os valores da liberdade e da responsabilidade individual. A primeira regra aprendida por uma criança é obedecer aos adultos da família. Os meninos, além disso, aprendem desde cedo a não levar desaforo para casa. O comportamento agressivo é funcional nessa cultura e tem como propósito evitar a humilhação pública pelos outros.

A cultura pré-moderna aproxima-se muito do conceito de General Human Pattern (GHP) [Padrão Geral Humano], um padrão que toda sociedade em algum período já apresentou, mas não existe no presente. Nesse modelo, desenvolvido pelo filósofo holandês Jan Romein, o homem sente-se parte da natureza; quer usá-la sem sentir uma necessidade obsessiva de perscrutar todos os seus segredos. A mente GHP funciona de um modo determinado: seus pensamentos são concretos, não abstratos; recorre a imagens, não a conceitos. Para ela, a organização metódica e o planejamento desempenham um papel muito menos importante do que nas sociedades modernas. Para a mente GHP, o poder e a autoridade são absolutos e incontestáveis. Qualquer um que se oponha às autoridades será punido. Finalmente, o trabalho enquanto função necessária na sociedade é, para essa mentalidade, não uma bênção, mas uma maldição e um fardo. Não fazer nada é um luxo desejado por todos, mas concedido a poucos.

O ISLÃ E A MENTALIDADE TRIBAL

O islã nasceu numa sociedade tribal. O monoteísmo islâmico representou uma ruptura radical com o politeísmo, que prevalecia na península arábica até então. A nova religião inspirou a tribo de Maomé em sua constante batalha para defender-se das tribos vizinhas. O profeta Maomé pregava a caridade: uma vez conquistadas, as tribos não eram escravizadas, desde que se convertessem ao islã e tomassem parte na luta contra os infiéis. Isso deu à fé muçulmana um caráter fortemente expansionista: atribui-se grande importância à conquista e conversão daqueles que não crêem em Alá. O islã adotou algumas tradições espirituais pré-islâmicas, como a oração, o jejum e as esmolas. O relacionamento entre Maomé e seu Deus é vertical: Deus é o Todo-Poderoso. Ele é único, e Maomé obedece a Suas ordens. O relacionamento entre Maomé e seus seguidores é simples e segue o mesmo modelo: a vontade de Maomé é lei.

O Alcorão prescreve o ordenamento ideal da sociedade. Suas regras foram criadas primariamente para controlar a anarquia tribal de uma época em que as disputas entre clãs e tribos e os conflitos internos a esses grupos eram extremamente violentos. Em *The closed circle* [O círculo fechado], David Pryce-Jones descreve o funcionamento desse sistema tribal. Num círculo vicioso de violência, as tribos tentavam dominar umas às outras, significando que havia uma disputa permanente pelo poder dentro da tribo, do clã e da família. Havia sempre um homem exercendo seu domínio sobre cada um desses agrupamentos. Tal posição era, muitas vezes, conquistada por meio de astúcia e violência. Por exemplo, Maomé conseguiu que algumas tribos aceitassem importantes normas políticas e sociais (e, por fim, também econômicas) que protegiam valores fundamentais para o modo de vida tribal, como a manutenção da honra da tribo e a redistribuição de propriedades. Essas leis trouxeram uma solução duradoura para as desavenças entre tribos rivais, obrigando-as a se tornar aliadas. As disputas prosseguiram, mas apenas contra tribos de fora do círculo islâmico.

Não é de surpreender que muitas das leis instituídas no Alcorão ponham a paz social da comunidade em primeiro lugar, estabelecendo um alto grau de controle social. Muitas dessas leis se referem à honra de um homem, de sua família ou de seu clã. O oposto da honra é a desgraça, de modo que um homem procura defender sua honra com a mesma energia que emprega em evitar a vergonha e a desgraça. As mentiras e subterfúgios desempenham um importante papel nessa cultura da honra e da vergonha; é normal ignorar ou simplesmente negar os fatos. A cultura tribal possui um senso de desconfiança muito desenvolvido, não apenas em relação a quem vem de fora, mas também em relação aos membros da própria família ou clã.

ASCENSÃO E QUEDA DO ISLÃ

O islã unificou tribos arábicas ignorantes, que estavam profundamente imersas na anarquia, e constituiu uma civilização mundial. No século VII, os muçulmanos conquistaram a Síria, a Palestina, o Egito e o restante do Norte da África e iniciaram um movimento rumo à península Ibérica. Nada parecia deter o avanço da nova fé. Durante a ascensão do islã, a única civilização comparável, em grau de desenvolvimento e tamanho, era a da China. Mas Bernard Lewis distingue a civilização chinesa do islã, por aquela restringir-se a uma única região e grupo racial. Os muçulmanos criaram uma civilização mundial multiétnica, multirracial e universal. No entanto, o mundo muçulmano tornou-se hoje, comparado ao Ocidente cristão, pobre, fraco, turbulento e ignorante.

Segundo Lewis, a questão "O que deu errado?" costuma ser abordada de um ponto de vista secular ou sociopsicológico. Os secularistas centram a discussão no papel da religião na sociedade islâmica e afirmam que a primazia econômica e cultural do Ocidente resulta da separação entre Igreja e Estado e da instituição de uma sociedade civil que obedece a uma legislação secular. Outros, especialmente as feministas, destacam o sexismo e a posição inferior da mulher na sociedade islâmica. Esses problemas não apenas privam o mundo islâmico do talento e da energia de metade da população, como também prejudicam suas crianças, deixando-as aos cuidados de mães analfabetas e oprimidas.

"Os produtos de tal educação [...] tendem a crescer arrogantes ou submissos e despreparados para uma sociedade livre e aberta", diz Lewis. É certo que um número crescente de muçulmanos sustenta que a resposta para a questão "O que deu errado?" é que teriam sofrido o ataque de forças malignas, por negligenciar a herança divina do islã. Essa resposta simplista é fatal para o desenvolvimento econômico posterior, pois significa um retorno a um passado em grande parte imaginário, como ocorreu na Revolução Iraniana e em outros movimentos e regimes fundamentalistas em países islâmicos. O sistema secular da democracia, por outro lado, oferece mais oportunidades. Alguns pensadores da história, entre os quais Lewis se inclui, são otimistas quanto à República Turca de Kemal Atatürk. Outros, como Pryce-Jones, são menos otimistas quanto ao verdadeiro grau de entendimento com que o secularismo e outras idéias ocidentais são (ou podem ser) recebidos por aqueles que estão habituados com a vida numa sociedade tribal.

A posição de Lewis não dá margem a dúvidas. O subtítulo de seu livro, *The clash between Islam and modernity in the Middle East* [O choque entre o islã e a modernidade no Oriente Médio], é revelador. Aqueles que abandonaram a civilização islâmica não vivenciaram plenamente o processo de modernização invasivo e doloroso mas, em última instância, libertador, pelo qual passaram seus vizinhos e rivais no Ocidente cristão. Lewis adverte que a rejeição da modernidade pode resultar numa espiral descendente de ódio, ressentimento, cólera, autocomiseração, pobreza e opressão. Mas ele tem esperança de que os muçulmanos usem seus talentos e energias em prol de uma meta comum, para que algum dia as nações islâmicas voltem a constituir uma civilização importante.

Nesse aspecto, Lewis é mais otimista do que Pryce-Jones. Lewis exige que os muçulmanos renunciem a seus valores mais substanciais, àquilo que legam aos filhos, como a estrutura familiar patriarcal e a mentalidade obcecada pela honra e auto-imagem do grupo. Contudo, como diz Pryce-Jones, essas são justamente as características definidoras da tribo, os atributos que a tornam uma comunidade tão unida. Esses valores tribais e o sentido de identidade que os acompanha estão tão arraigados que as pessoas se tornaram cegas aos seus desastrosos efeitos de longo prazo. A total aceitação desses valores é perpetuada pelos processos, infindavelmente repetidos, que legitimam conceitos pré-modernos, baseando-se em textos do Alcorão. As idéias e tradições da sociedade tribal de Maomé são adotadas na sociedade industrial e urbana contemporânea, sem nenhuma consideração pelo seu contexto histórico.

A historiadora Karen Armstrong acredita que, no passado, os muçulmanos eram capazes de separar a razão da religião. Afinal, já contaram com grandes filósofos e criaram uma civilização mundial. Ela pensa que as raízes do problema estão menos nos próprios muçulmanos e em sua religião e mais na atitude do Ocidente em relação aos países islâmicos. O imperialismo e a supremacia dos Estados Unidos como potência comercial teriam privado os muçulmanos da oportunidade de enfrentar seus próprios problemas.

Lewis é mais cético. Reconhece que, a partir do século XIX, os povos islâmicos estiveram sujeitos à dominação política e econômica britânica e francesa. Isso resultou em algumas transformações culturais de fundamental importância, como a migração para as cidades no século XX. Ele também não nega que esses acontecimentos tenham transformado a vida dos muçulmanos, para o bem e para o mal. Lewis reconhece que os americanos têm interesses estratégicos a proteger na região (garantir a estabilidade de seu próprio suprimento de petróleo). Contudo, segundo Lewis, a verdadeira causa da falta de progresso nos países islâmicos não está em nenhum desses fatores. Ao contrário, estas são suas conseqüências. Um caso semelhante foi o da invasão mongol no século XIII, que só foi possível porque o império islâmico estava internamente debilitado.

Tanto Lewis quanto Pryce-Jones acreditam que a principal razão do declínio se encontra na inabilidade dos muçulmanos em estabelecer instituições democráticas que assegurem o direito à liberdade individual, ponham os valores relativos do conhecimento científico e da sabedoria religiosa em perspectiva (a pesquisa científica é freqüentemente interrompida quando percebida como uma ameaça aos dogmas religiosos) e revertam as conseqüências sociais e psicológicas da dominação das mulheres. Eles não afirmam com todas as letras que o islã enquanto religião é a raiz da situação trágica de grande parte do mundo islâmico, mas sua análise aponta para o fato de que a preponderância da prática religiosa no mundo islâmico (entre ortodoxos e fundamentalistas) constitui um sério entrave ao progresso social e à emancipação de todos os muçulmanos.

Em julho de 2002, o Programa das Nações Unidas para o Desenvolvimento publicou o Relatório do Desenvolvimento Humano Árabe, um estudo analítico da expectativa média de vida e do nível educacional da população de 22 países islâmicos. O relatório confirma a teoria proposta por Pryce-Jones e Lewis: deficiências institucionais enraizadas são um obstáculo ao desenvolvimento humano. Segundo o relatório, a região padece de "três deficiências básicas que podem ser consideradas traços definitórios":

- falta de liberdade;
- exclusão das mulheres;
- falta de habilidades ou conhecimento.

O DESTINO DO POVO

Como vive o povo nesta situação pré-moderna de falta de desenvolvimento? A resposta pode ser representada pelo "triângulo das massas". Há também um "triângulo do poder" ou "da elite", que será explicado logo mais. A realidade é, obviamente, mais complexa. As categorias se sobrepõem.

TRIÂNGULO DA ELITE

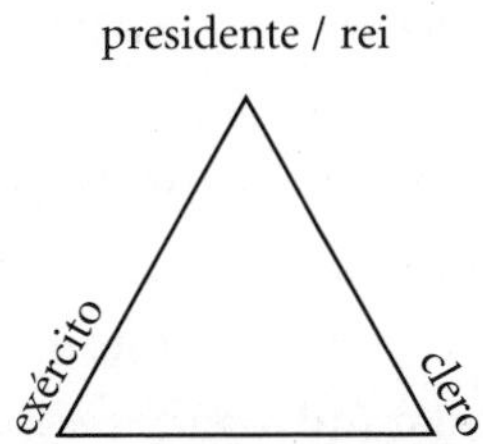

TRIÂNGULO DAS MASSAS

Em conformidade com a cultura tribal, o poder, nos países de origem dos imigrantes muçulmanos (com a importante exceção da Turquia), concentra-se num triângulo que consiste em um líder político no topo (um presidente ou rei), seguido logo abaixo pelo exército e, então, pelo clero oficial (ulemá). Estes três setores (logo acima) apóiam-se uns aos outros. Seus membros provêm, muitas vezes, da mesma família, clã ou tribo e estão relacionados por casamentos. Seu poder deriva, em parte, dessas relações. Para essa elite, o islã é um instrumento, um meio de consolidar o equilíbrio de poder existente. Em países como o Egito, o Iraque e a Síria, o governo secular exerce um controle sobre os líderes religiosos e há uma religião estatal. Os líderes políticos e militares têm total domínio sobre os instrumentos oficiais de força (não há judiciário independente), sobre todas as fontes de receita governamental (impostos e comércio), sobre a mídia (rádio, televisão e jornais) e a economia. A conseqüência é a estagnação generalizada da sociedade.

O triângulo das massas representa as várias maneiras pelas quais o povo reage a essa estagnação.

Há corrupção e apatia. Apenas uma parcela da população tem, por meio do clã ou da tribo, acesso aos serviços públicos. Essas pessoas se beneficiam da corrupção endêmica no serviço público e na comunidade empresarial. Parte da ajuda financeira oferecida pelos países do Ocidente e pelas organizações internacionais é apropriada por esse grupo dominante, que busca seu próprio enriquecimento e costuma lançar mão do suborno e da chantagem. O resto da população tende a aceitar o *status quo*, pois não conhece outra realidade.

Há uma ascensão do fundamentalismo. Esse setor da população se expande rapidamente e não aceita o atual equilíbrio de poder. O fundamentalismo cresce em toda parte, até mesmo entre profissionais com alto nível educacional (advogados e médicos, entre outros). Estão decepcionados com as ideologias seculares como a democracia liberal, o nacionalismo e o comunismo. Os fundamentalistas acreditam que todas as mazelas sociais e econômicas — "O que deu errado?" — são causadas pelo corrente desapreço pelos princípios e valores islâmicos. A Irmandade Islâmica, a Al Qaeda de Bin Laden e a Milli Görüs de Erbakan na Turquia acusam os Estados Unidos, em especial, de apoiar a tirania nesses países. Em alguns países, os fundamentalistas são apresentados como a única oposição autêntica no mundo islâmico, mas é evidente que muitos deles contam também com partidos oposicionistas democráticos e/ou seculares. O poder dos fundamentalistas depende de um zeloso trabalho missionário, da antipatia pelos clérigos apoiados pelo governo, da violência desesperada (terrorismo e martírio) e de centros religiosos próprios, como a Universidade Al-Azhar no Egito.

Há uma significativa migração interna e externa. A maior vítima da estagnação social é a população rural, os camponeses do interior. Muitos foram removidos do campo e obrigados a procurar trabalho nas cidades, onde estão condenados a aceitar ocupações mal pagas e humilhantes. Recebem, com muita freqüência, um tratamento cruel e degradante, numa sociedade dominada pela honra e pela vergonha. Muitas vezes têm pouca ou nenhuma instrução, ou são analfabetos. Muitas outras pessoas, por não pertencerem ao clã ou à tribo certa (mercadores, comerciantes, funcionários públicos de baixo escalão etc.), também estão fadados à pobreza.

Uma pequena parte das massas camponesas tem ido à Europa ocidental em busca de trabalho desde a década de 1960. Muitos deixaram seus países fugindo da guerra civil e da fome. Uma parcela relativamente pequena veio em busca de asilo ou solicitou residência por motivos humanitários. A grande maioria — milhões — dos refugiados vive em países vizinhos na África e no

Oriente Médio, geralmente em campos administrados pela Comissão das Nações Unidas para os Direitos Humanos (UNHRC).

De acordo com o Relatório do Desenvolvimento Humano Árabe, emigrar para um dos países ocidentais ricos é o anseio de muitos.

A COMUNIDADE MUÇULMANA DA HOLANDA

A maioria dos muçulmanos que vivem na Holanda (turcos, marroquinos e uma parcela de exilados) não chegou ao país por opção, mas veio para cá por necessidade. Sua origem está no campo, onde ainda imperam as tradições tribais.

Se definirmos a cultura como o repertório de conhecimentos, símbolos, tradições, idéias, habilidades e regras de conduta constitutivas de uma comunidade, então as expressões culturais da maior parte dos muçulmanos ainda se encontram num estágio pré-moderno de desenvolvimento. Esse contexto cultural é caracterizado por três fatores importantes. Primeiro, uma mentalidade autoritária baseada numa hierarquia rígida; segundo, uma estrutura familiar patriarcal, na qual a mulher tem uma função reprodutiva e deve obedecer aos homens da família, do contrário, provocará a desgraça familiar. Terceiro, tudo é pensado em termos de grupo; o coletivo precede sempre o individual; o controle social é muito forte e a defesa fervorosa da honra do grupo torna as pessoas obcecadas por evitar a vergonha a todo custo. Fazê-lo por meio da mentira ou da pura e simples negação da realidade passa a ser a norma. Esse modo de pensar tradicional está impregnado por conceitos religiosos fossilizados.

Era de se esperar que isso acarretasse grandes problemas de integração em todos os níveis da sociedade, inclusive nas relações trabalhistas. Por exemplo, quando o gerente marroquino do depósito de um grande supermercado intimida e agride verbalmente seus assistentes, está agindo em conformidade com os padrões de seu grupo (cultura). Este é seu modo de exercer sua autoridade e defender sua honra. Levar em conta o que os subordinados têm a dizer seria uma demonstração de fraqueza. Na cultura marroquina jamais se diz "por favor" a um subalterno, tal tratamento é reservado aos superiores hierárquicos. Os funcionários holandeses, porém, têm outro quadro referencial; para eles o comportamento do marroquino é ineficiente e inadmissível. Se este não estiver disposto a se adaptar, adotando os valores de sua equipe holandesa, não será produtivo no trabalho e terminará desempregado.

Casos como esse acontecem todos os dias. Essas situações provocam muitos desentendimentos e desconfiança mútua e podem fazer com que os muçulmanos se queixem de "discriminação" e os empregadores digam que preferem não contratar "mais nenhum marroquino". Para um muçulmano na Holanda, a abordagem autoritária está fadada ao fracasso. Conquistar a concordância dos outros e perseguir os próprios interesses é algo inscrito no código social holandês; deve-se levar em conta os direitos individuais e os interesses dos colegas. Um recém-chegado à Holanda precisa desenvolver sua identidade individual para além de sua identidade de grupo, afastando-se da cultura tradicional de honra e vergonha. Em vez de se ver "pelos olhos dos outros" (honra e vergonha), deve estabelecer para si uma bússola interna estável que o ajude a sobreviver numa sociedade ocidental moderna.

Outra dificuldade comum para a integração é vista nas relações entre homens e mulheres. Os padrões profundamente patriarcais dos muçulmanos parecem, muitas vezes, totalmente inapropriados, antiquados e degradantes na sociedade moderna. O culto da virgem/prostituta, a pressão para ter tantos filhos homens quanto possível, a circuncisão das meninas (geralmente justificada por motivos religiosos), o casamento arranjado das filhas —

tudo isso é produto da mentalidade da honra. Como grupo, tanto as mulheres quanto os homens muçulmanos terão de renunciar a essas práticas e aos valores a elas subjacentes para ter sucesso no Ocidente. Do contrário, a emancipação dos muçulmanos não poderá começar de fato. Ou, nas palavras do economista holandês Arie van der Zwan, "esse abismo entre o mundo fechado dos imigrantes não ocidentais e a sociedade a que chegaram não pode ser visto separadamente da estagnação em seus países de origem. Pois a maioria [ainda] vem do mundo islâmico, e há uma corrente crescente da literatura internacional que pergunta por que esse mundo falhou: 'O que deu errado?'. O mundo islâmico progrediu muito pouco na ciência, cultura ou economia desde o século XVIII, embora já tenha dado grandes contribuições nessas áreas".

A declaração de Van der Zwan é especialmente interessante por mencionar tanto o aspecto internacional (a estagnação como impulso para a emigração) quanto o nacional (problemas culturais durante a integração que constituem um desafio para a sociedade hospedeira). Seu artigo trata dos fatores que levaram tanto à emigração quanto ao fato de que os muçulmanos se aferram a valores e padrões "inapropriados" em uma sociedade moderna.

De início, os políticos e criadores de políticas holandeses interpretaram o afluxo de trabalhadores estrangeiros do mundo muçulmano (Marrocos e Turquia) como um fenômeno temporário. Os recém-chegados eram "trabalhadores-hóspedes". Os próprios muçulmanos tinham uma visão semelhante, acreditando estar no Ocidente por um tempo limitado, a fim de ganhar dinheiro para construir um futuro em seus países. À medida que se tornou claro que os muçulmanos, como outros imigrantes não ocidentais, estavam se estabelecendo permanentemente na Holanda, começou a discussão sobre a melhor maneira de integrar essas pessoas à sociedade holandesa. Há quatro posições a serem distinguidas na discussão, as quais são relevantes para todas as democracias ocidentais.

A POSIÇÃO POLÍTICO-LEGAL

Para tornar-se membros plenos da sociedade holandesa, os recém-chegados portadores de visto de residência devem ter os mesmos diretos e deveres sociais e políticos que a população nativa. Uma vez atingida essa condição político-legal, supõe-se que os imigrantes possam participar de todos os aspectos da sociedade sem mais intervenções governamentais, embora continue sendo importante manter a campanha contra o racismo e a discriminação.

O problema com esse ponto de vista é o abismo entre os direitos formais dos imigrantes e o processo efetivo de estabelecer-se e tornar-se um membro plenamente emancipado da sociedade. Na prática, são poucos os imigrantes que fazem uso de seus direitos civis e políticos. Seu comparecimento às eleições, por exemplo, é desanimadoramente baixo. Devido à sua pouca familiaridade com a sociedade holandesa, têm também pouca consciência de seus direitos individuais.

Paradoxalmente, na prática, os direitos formais são usados para obter o oposto da integração, isto é, para segregar a comunidade do resto da sociedade com base em sua religião (etnicidade). O exemplo mais trágico é o sistema estatal de subsídios às escolas islâmicas especiais. A facilidade com que os imigrantes podem obter benefícios sociais também tem suas desvantagens, uma delas é que muitos imigrantes caíram num estado permanente de dependência dos benefícios estatais.

A abordagem político-legal funda-se na história nacional holandesa, forjada ao longo de séculos de tensões políticas entre diferentes grupos cristãos e seculares. Ela não leva em conta as peculiaridades dos muçulmanos na Holanda. Contudo, devido às significativas diferenças de mentalidade entre os imigrantes muçulmanos e a população holandesa, essa abordagem perpetua as desvantagens acima mencionadas. Os muçulmanos radicais não serão absorvidos no país da mesma maneira que historicamente se deu com os católicos romanos e com outras seitas. Os muçulmanos radicais opõem-se ao próprio sistema. Querem destruí-lo por inteiro.

O ÂNGULO SOCIOECONÔMICO

Sob esse ponto de vista, os imigrantes de países não ocidentais são rotulados como carentes. O Estado legisla visando a proporcionar-lhes igualdade de oportunidades de educação, emprego, renda, saúde e habitação. As carências do grupo são, porém, consideradas como meramente socioeconômicas e não se pensa nelas como subprodutos de uma cultura ou religião.

A vantagem dessa abordagem é que ela leva em conta os diferentes modos pelos quais os imigrantes são excluídos, no que chamamos de segregação "cega". Por exemplo, um grande número de imigrantes em áreas carentes é virtualmente segregado em escolas para "negros", enquanto os filhos dos holandeses étnicos freqüentam escolas de "brancos". Mas, como antes, a desvantagem desse ponto de vista é basear-se nas circunstâncias específicas da história social holandesa, especialmente no conflito entre capital e trabalho e na instituição do Estado do Bem-Estar Social após a Segunda Guerra. Depois disso, a classe trabalhadora holandesa emancipou-se, dando origem a uma classe média burguesa. Os muçulmanos da Holanda, por outro lado, provêm, em sua maioria, de um contexto completamente diferente, onde a desigualdade é institucionalizada, o que explica as duas maiores desvantagens dessa abordagem. Em primeiro lugar, leva à vitimização, por atribuir toda a responsabilidade de lidar com os problemas a elementos externos (o governo, a sociedade holandesa); atribui, também, ao grupo uma auto-imagem negativa e encoraja uma atitude de desconfiança em relação ao mundo externo à comunidade. Isso gera tensões entre as partes e suscita recriminações.

Ademais, as benesses do Estado do Bem-Estar Social holandês, como a Previdência Social e os aluguéis subsidiados, ajudam a amenizar os problemas daqueles que se retiraram da sociedade, para quem ajustar-se ao funcionamento da sociedade holandesa deixou de ser uma questão de sobrevivência. Assim, o processo de modernização fica interrompido para grande parcela dos muçulmanos. À margem da sociedade, aferram-se a valores e padrões que impedem sua própria emancipação.

MULTICULTURALISMO: INTEGRAÇÃO SEM PERDA DE IDENTIDADE

Uma abordagem multicultural aspira a promoção de diferentes culturas vivendo em paz, lado a lado, sob um governo único, seguindo as regras do respeito mútuo e com direitos e oportunidades iguais. Contudo, os adeptos do multiculturalismo defendem a concessão de privilégios especiais às minorias. Originalmente, esses privilégios visavam a garantir os direitos das populações indígenas em países como Canadá (índios e inuítes) e Austrália (aborígines). Não obstante, muitos na Holanda ainda defendem essa posição. Por exemplo, M. Galenkamp, uma filósofa do direito de Roterdã, criticou a proposta do primeiro-ministro Balkenende de fazer do sistema moral e dos valores holandeses (direitos humanos fundamentais) e da separação entre Igreja e Estado o ponto de partida da política governamental de integração. Galenkamp argumentou que isso seria impossível, pois a Holanda não é mais uma sociedade homogênea. Ela acredita também que isso causaria a polarização como efeito indesejado, prejudicando a coesão social. Afirma ainda que seria desnecessário, posto que o "princípio do dano", elaborado no século XIX pelo filósofo J. S. Mill, que acreditava que ninguém deveria sofrer em conseqüência do exercício da liberdade alheia, constituiria um melhor ponto de partida.

Se John Stuart Mill vivesse na Holanda hoje, discordaria de Galenkamp. Explicaria a ela que a situação das mulheres muçulmanas no país já é contrária ao "princípio do dano". O problema de Galenkamp é pensar de modo muito formal, como um advogado é treinado para fazer. Os advogados não são ensinados a entender o termo *poder*, concentram-se nos relacionamentos verticais da sociedade — o relacionamento vertical do indivíduo e seu relacionamento com o governo. Assim, sustentam que a liberdade do indivíduo não deve ser restringida pelo governo. Mas não percebem o funcionamento horizontal do poder. Não sabem como proibir um indivíduo de tirar a liberdade de outro. Não enxergam nem entendem as subculturas, especialmente as culturas islâmicas do interior. Não vêem como as mulheres muçulmanas são socializadas para acreditar na importância e na justiça de sua própria opressão. Mill tinha plena consciência da importância da leitura e do raciocínio como instrumentos de autoconhecimento e de compreensão do mundo. Se uma mulher é socializada para crer em sua própria opressão, os requisitos da liberdade não estarão satisfeitos.

O multiculturalismo tem sido a mais forte influência sobre as políticas holandesas de integração, desde que se percebeu, por volta de 1979, que os trabalhadores-hóspedes, que chegavam em grande número para prestar serviços subalternos, vieram para ficar. O multiculturalismo é tão influente, em parte, devido à convivência pacífica com muitas minorias, aprendida ao longo da história nacional. Essa coexistência baseava-se no princípio da "emancipação pela conservação da identidade", da integração de diferentes povos que preservavam suas próprias identidades étnicas e culturais. Também contribui para a influência do multiculturalismo o sentimento de culpa dos holandeses por seu passado colonial e pelo anti-semitismo e genocídio dos judeus durante a Segunda Guerra.

O problema dessa visão multicultural é que ela nega que padrões culturais e religiosos possam ter efeitos negativos e retardar a integração e emancipação dos povos, especialmente dos muçulmanos. Assim, os multiculturalistas saúdam a emergência da fração muçulmana da sociedade, na ilusão de que esta contribuirá para estimular a emancipação econômica islâmica, como ocorreu com os segmentos católicos anos atrás. Numa Holanda predominantemente protestante, os católicos foram, durante muitos anos, mais pobres, suas famílias, mais numerosas, e suas ocupações, menos bem remuneradas, como acontece com os muçulmanos hoje. Mas, organizaram-se em torno da Igreja Católica e melhoraram sua vida financeira e econômica, até estarem bastante integrados.

Os multiculturalistas dizem: "Se funcionou para os católicos, por que não funcionaria para os muçulmanos?". Mas essa é uma má compreensão perigosa da vasta maioria dos muçulmanos e serve apenas para reforçar sua tendência segregacionista, voltada para dentro de sua cultura isolada. Os multiculturalistas se esquecem de que os católicos partilhavam com as outras seitas cristãs protestantes de uma mesma língua, identidade nacional, história comum e, basicamente, a mesma etnicidade. E eram todos cristãos, embora pudessem discordar quanto ao modo de expressar sua religião. Os muçulmanos na Europa têm uma miríade de línguas e etnias diferentes isolando-os ainda mais de seu novo país. O contexto socioeconômico desses diversos povos também é bastante variado e inteiramente diferente do europeu. Ao não classificar fenômenos culturais como "melhores" ou "piores", mas apenas como neutros ou discrepantes, os multiculturalistas acabam encorajando a segregação e, contra a sua vontade, perpetuam, por exemplo, a situação insatisfatória da mulher muçulmana. Os subsídios estatais a escolas privadas permitem que os muçulmanos tenham suas próprias instituições educacionais, incluindo internatos separados para meninos e meninas, onde as jovens são doutrinadas para esperar um futuro como mães e donas-de-casa, de acordo com as práticas islâmicas mais conservadoras.

A ABORDAGEM SOCIOCULTURAL

O economista Arie van der Zwan recentemente concluiu que a falta de progresso e integração não pode ser explicada somente por fatores socioeconômicos objetivos. Os fatores socioculturais são igualmente importantes e se somam a carências socioeconômicas bastante concretas para causar as dificuldades de integração. Ele estabelece distinções entre, por exemplo, os diversos grupos de imigrantes não ocidentais. De um lado estão os estrangeiros do Suriname e das Antilhas, do outro os marroquinos e turcos. Aludindo ao estudo do Conselho Científico para Políticas Governamentais da Holanda acima mencionado, ele conclui que os primeiros dois grupos formam uma subclasse que se tornou praticamente idêntica à sua contraparte holandesa. Mas os turcos e marroquinos apresentam diferenças qualitativas e quantitativas, geradas por sua situação sociocultural. Apenas um terço dos turcos e marroquinos podem ser considerados imigrantes integrados. Para dois terços, a expectativa de integração é bastante longínqua.

Metade do grupo não integrado consiste em pessoas acima de 45 anos, a maior parte das quais já deixou de trabalhar. A outra metade compõe-se de turcos e marroquinos de segunda ou terceira geração, que, como escreve Van der Zwan, são impossíveis de se classificar: "A forte identificação com o grupo étnico se foi, mas a integração à sociedade ainda não ocorreu, e a perspectiva de que isso aconteça é duvidosa". Esse grupo vulnerável e desarraigado está exposto às tentações da sociedade ocidental (liberdade, drogas, vida noturna), mas carece dos recursos mentais ou individuais, ou da educação para controlar comportamentos inapropriados. O desajuste social é comum entre esses jovens: a educação e o emprego podem promover a ascensão social, mas a delinqüência e a tentação do fundamentalismo são freqüentemente mais sedutoras.

CONCLUSÃO

Se interpretarmos o conceito de "integração" como um processo civilizatório para grupos de imigrantes muçulmanos vivendo *no interior* da sociedade ocidental, na qual foram recebidos, tornamos supérflua a pseudodiscussão sobre a igualdade das culturas. Se um imigrante deve aceitar algo ou abrir mão de alguma coisa para funcionar melhor numa sociedade, isso depende das exigências desta. À medida que desenvolvem uma consciência de seu grau de sucesso em relação aos outros, os imigrantes percebem que para progredir precisam se comportar de acordo com os valores e padrões do país que adotaram como lar.

Uma terceira vantagem de se considerar a integração como um processo civilizatório é que isso facilita a empatia da população nativa com os imigrantes que enfrentam o desafio. É mais fácil demonstrar entendimento mútuo sabendo que o imigrante está prestes a enfrentar uma mudança pessoal importante. A maioria nativa teve mais de um século para aprender a lidar com os valores modernos, o que lhes confere uma vantagem psicológica sobre quem ingressou na sociedade diretamente das montanhas do Rife ou do interior da Anatólia. Negá-lo seria realmente contraproducente, embora essa forma de tolerância seja bem diferente de advogar a preservação de tradições e valores por si mesmos.

Afinal, os holandeses não defendem uma tradição religiosa ancestral e pré-moderna. Tragicamente, porém, o governo da Holanda ignorou durante décadas a situação de carência cultural dos muçulmanos. Nos últimos anos, as abordagens mais comuns do governo para esses problemas foram a político-legal, a (exclusivamente) socioeconômica e a multicultural, todas fortemente coloridas pelas tradições políticas, econômicas e culturais tipicamente holandesas. Somente uma abordagem que dê conta tanto das carências socioeconômicas quanto dos fatores culturais característicos do islã oferecerá uma verdadeira chance de promover a integração. Deixar de fazê-lo seria catastrófico, sobretudo para o grupo mais fraco dentre os imigrantes muçulmanos: as mulheres e as meninas.

6. Uma breve história pessoal da minha emancipação

À época desta entrevista, ameaças de morte haviam me obrigado a deixar a Holanda e me esconder. Esperava que, ao voltar ao país, todas as atenções estivessem novamente voltadas para mim, e não para o debate, ao menos num primeiro momento. Até hoje a mídia ainda está se refestelando: uma mulher negra que critica o islã. Um dia, a fascinação por mim irá desaparecer. Em algum momento, eles estarão fartos, e, então, será possível pensar de novo no que está realmente em questão, no fato de que o fracasso da integração se deve, em grande medida, à hostilidade contra a mulher na cultura e na religião islâmica.

Eu sabia onde estava me metendo quando assumi essa posição. As reações negativas não me surpreenderam. Esse é um tópico que desperta controvérsias. Caso prossiga — e o farei — terei de estar preparada para as difíceis e inevitáveis repercussões. Compreendo as reações passionais. Esse tipo de fúria se manifesta em qualquer grupo que esteja a ponto de transformar-se. Minha estratégia é continuar insistindo, até que a tormenta tenha passado. Um dia poderei dizer o que digo sem despertar emoções violentas. Outros estão começando a se manifestar e a lutar pela emancipação das mulheres dependentes e semi-analfabetas das comunidades imigrantes. A terceira onda feminista já está a caminho e me dá arrepios de entusiasmo.

A emancipação é uma batalha. Escolhi esse combate e continuarei lutando no Parlamento, agora pelo Partido Liberal. Decidi trocar de partido porque estava ficando cansada do comportamento evasivo dos trabalhistas, que fecharam os olhos para o crescente descontentamento da sociedade. A opressão das mulheres não lhes parece ser um tema importante. Não estão interessados em reconhecer a existência do problema, lidar com ele ou corrigi-lo.

Não foi por me importar menos com as questões sociais, das quais o Partido Trabalhista julga deter o monopólio, que me juntei aos liberais, mas sim por haver compreendido que a justiça social começa pela liberdade e integridade do indivíduo. Tudo, em nossa sociedade, gira em torno do cidadão tomado individualmente: é você quem faz suas provas, preenche sua própria declaração de impostos e, no tribunal, tem de enfrentar sozinho o veredicto. A responsabilidade pessoal vem sempre em primeiro lugar. Mas o que fazem os trabalhistas? Ainda tratam os imigrantes como um grupo. Você deve estar se perguntando por quê. A resposta é: porque esse partido perdeu a conexão com a realidade.

Deixe-me dar um exemplo. Como intérprete, envolvi-me com imigrantes que fraudaram a previdência social. Para que um casal receba um benefício, é preciso a assinatura de ambos os cônjuges; a mulher assina por ordem do marido. Ele aponta para a linha pontilhada e diz "assine aqui". Mas ela não faz idéia do que está assinando. Em seu país natal nunca havia precisado fazer nada parecido. E, então, aparece a polícia. O homem e a mulher são acusados de fraudar a previdência social. Descobre-se que o marido tinha um emprego informal. Ela, porém, nada sabia a respeito: é verdade, ele sai de casa todas as manhãs e volta tarde da noite, mas os muçulmanos raramente dão satisfações às esposas sobre suas atividades diárias. Como ela poderia ter percebido algo? Revela-se que eles terão de restituir 80 mil florins, metade cada um. Em outras palavras, a mulher é considerada cúmplice no delito do marido. E este não é de modo algum um caso isolado; há centenas de situações parecidas.

Tente convencer os trabalhistas de que essa mulher deve ser libertada de sua condição dependente; você não vai conseguir. O partido quer manter as muçulmanas nessa situação por acreditar que isso contribui para o senso de identidade dessas mulheres. "Essas mulheres", dizem eles, "são felizes em sua própria cultura." As crianças também são ignoradas pelo partido. Até que se tornem "trombadinhas marroquinos". A essa altura, o dano já estará consumado.

Numa revista holandesa, um clínico geral e conhecido político do Partido Trabalhista relata o caso de uma muçulmana que veio ao seu consultório e disse: "Foi por vontade de Deus que meu marido ficou tão doente". A idéia de que sua vida está nas mãos de Deus pode lhe dar conforto em seu leito de morte, mas significa também que você se deitará nele mais cedo. Contudo, esse médico acredita ser essa uma "convicção positiva". Na verdade, ele mesmo não crê em Deus, mas lhe parece agradável declarar algo tão disparatado. O que ele está de fato dizendo é: eles têm direito a seu próprio atraso.

O fator decisivo para que eu trocasse de partido em outubro de 2002 foi a garantia, pelo líder do Partido Liberal, de que eu teria liberdade para trazer o tema da integração e emancipação da mulher imigrante ao centro da agenda política.

Não entendo por que minha decisão despertou uma reação tão emocional. Usam a palavra *traição*, como se eu tivesse entrado para uma organização criminosa. Mas, após oito anos do governo de coalizão, composto por liberais e trabalhistas, as diferenças entre os dois partidos não são tão grandes assim. Compreendo que as pessoas se sintam pessoalmente desapontadas comigo. Contudo, o fato de que o Partido Trabalhista fez muito por mim não me obriga a permanecer leal ao partido, quando não mais me identifico com seus pontos de vista. Todos dizem que foi uma decisão impulsiva, mas em agosto eu já manifestara meu descontentamento e meu desejo de deixar a legenda.

Tive, é claro, de aprender certas coisas. Compreendo que às vezes seja preciso chegar a um meio-termo. Tenho de pensar de forma mais estratégica e formular minhas idéias com maior precisão, mas não tenho a intenção de desistir. Estou disposta a pagar um preço por isso. Enquanto estiver protegida, tenho energia mental para ir adiante. Mas devo ter cuidado para não ir com muita sede ao pote. A impaciência é meu calcanhar de Aquiles: quero tudo aqui e agora. Preciso que me digam que não seria ruim esperar até amanhã.

Sei que meu pai me ama, mas fiz uma escolha que se opõe radicalmente a tudo o que ele defende. Se ele de fato disse aquilo ao semanário holandês — que nunca recebeu ameaças telefônicas —, é como se tivesse me dado um tapa na cara. Depois de cada uma de minhas aparições públicas, ele recebeu ligações queixosas de muçulmanos somalis. No início, ignorava os telefonemas, mas chegou a me perguntar se essas histórias eram verdadeiras. Disse a ele que estava lutando pelos direitos das mulheres no islã. Sua resposta foi: "Lute pelo que você achar certo, mas sempre em nome de Deus". O fato de que eu fiz acusações públicas a Deus é, para ele, uma terrível decepção, algo difícil de aceitar. Ao ofender o islã, manchei também a honra e a reputação de meu pai. É por isso que ele me deu as costas. Sinto muito por ele, mas ao mesmo tempo fico furiosa. No final do livro que estou escrevendo agora, há uma carta aberta a meu pai, na qual o acuso de oferecer a seus filhos apenas amor condicional. Sempre que tinha de escolher entre os filhos e a comunidade, escolhia esta última. Isso dói.

Sou uma verdadeira garota do papai. Durante os curtos períodos que passou com a família, meu pai foi sempre muito amoroso, cobrindo-me de elogios. Sou grata até hoje por algumas coisas que ele me proporcionou. Por exemplo, quando estávamos vivendo na Etiópia, minha mãe não queria que minha irmã e eu freqüentássemos a escola. De que serviria tanto conhecimento se, em alguns anos, estaríamos casadas? Melhor seria aprender as tarefas domésticas. Mas meu pai insistiu para que fôssemos à escola. Disse que jamais perdoaria minha mãe se não nos deixasse ir. Declarou-se também resolutamente contrário à nossa circuncisão. O que não sabe é que minha avó providenciou secretamente para que fôssemos circuncidadas contra a vontade dele.

Meu irmão, minha irmã e eu nos queixávamos por ele nunca passar algum tempo conosco. Trouxe-nos ao mundo mas nunca assumiu responsabilidade por isso. Não tínhamos nada contra suas atividades políticas, até nos orgulhávamos delas, mas também queríamos um pai. Para ele, nossas críticas eram indignas de nós. Lamentações vulgares. Deveríamos reconhecer que ele tinha uma vocação e nos sacrificarmos de cabeça erguida por isso. Sua posição era uma honra conferida por Deus.

Quando nasci, meu pai estava preso. Tinha seis anos quando o vi pela primeira vez. Apesar de suas longas ausências, nós, crianças, sentíamos a tensão em torno de suas atividades políticas. Sempre me refiro à época em que vivemos na Somália como os *anos dos sussurros.* Silêncio, não se pode confiar em ninguém. Ainda me lembro de ouvir pancadas na porta, minha mãe abrindo e sendo jogada no chão, os insultos dos homens que reviravam a casa à procura de algo. Uma criança não pode compreender essas coisas.

Quando completei seis anos, nós seguimos meu pai — que a essa altura já havia deixado o país — até a Arábia Saudita. Nenhum de nós se sentia feliz por lá, com a exceção de minha mãe, que vicejava no severo clima religioso do país. Mas até mesmo ela julgava estúpidos os habitantes locais e os comparava a bodes e ovelhas. Tínhamos de usar um vestido verde de mangas compridas e cobrir a cabeça com um lenço bem justo para ir à escola. O calor deixava nossas costas cheias de bolhas. Éramos proibidas de brincar fora de casa. Um ano mais tarde, mudamo-nos para a Etiópia, onde vivia grande parte da oposição somali e, finalmente, depois de oito meses, para o Quênia.

Meu pai tem cinco filhas e um filho, de quatro esposas diferentes. Minha mãe foi sua segunda mulher. Ele a conheceu quando Maryan, sua primeira esposa, estava nos Estados Unidos. Ele a enviara lá para estudar, mas ela não se saiu muito bem. Meu pai não queria que sua mulher voltasse antes de obter um diploma. Nesse ínterim, na Somália, ele se tornara uma das forças organizadoras por trás da campanha de alfabetização. Ele mesmo era professor e minha mãe foi sua aluna. Meu pai achou-a inteligente e ambiciosa e casou-se com ela. Pouco depois, já tinham três filhos. E então, certo dia, Maryan voltou da América e apareceu em nossa casa. Ela nada sabia sobre seu segundo casamento e ficou furiosa. Exigiu que fizesse uma escolha. Ele escolheu minha mãe e divorciou-se de Maryan.

Em 1980, meu pai partiu para a Etiópia. Um ano depois, voltou para nos visitar. Minha mãe disse: "Se você nos deixar novamente, prefiro que não volte nunca mais e não serei mais sua mulher". Ele foi embora e voltou dez anos depois. Minha mãe se recusou a recebê-lo e mantém sua palavra até hoje. Mais tarde, ele casou-se com uma etíope e depois com alguém da Somália —

não faço idéia de onde elas estejam agora. Por fim, casou-se novamente com Maryan, sua primeira mulher, com quem vive em Londres.

Além de meu irmão mais velho, eu tinha uma irmã, Haweya, dois anos mais nova do que eu, e por quem tinha muita admiração. Haweya era rebelde. Fazia o que bem entendia e não se abalava quando apanhava por isso. Eu era mais tímida e dócil, inclinada a aceitar as coisas como elas são. Mas ela nunca aceitava. Na adolescência, queria usar minissaia, o que era considerado uma indecência sem tamanho. Minha mãe rasgava uma saia e minha irmã comprava outra. No segundo ano ginasial, abandonou a escola. Todos ficaram furiosos, mas ela não estava se importando nem um pouco com isso. Concluiu com êxito um curso de secretariado e arranjou um emprego nas Nações Unidas. Minha mãe a proibiu de trabalhar, mas minha irmã a desafiou apesar das agressões verbais e físicas.

Haweya era uma mulher forte, admirada em todos os lugares, menos em casa. Quando chegou sua vez de casar, juntou-se a mim na Holanda. Chegou em janeiro de 1994 e, um ano e meio depois, seu holandês era bom o suficiente para matricular-se na universidade. Mas começou a chorar sem motivo e a comportar-se de modo excêntrico. Tinha dificuldade para lidar com outras pessoas, mas também não era capaz de ficar sozinha. Assistia televisão por horas a fio, sem se importar com o que estava passando. Ficava dias sem se levantar da cama nem se alimentar. Depois de algum tempo revelou que estava infeliz por haver negligenciado sua fé. Passou a usar véu e tentou rezar. Havia dias em que não conseguia fazê-lo, aumentando seu sentimento de culpa, pois a cada oração perdida corresponde uma punição. Repetia sempre que estava sofrendo muito, mas não era compreendida por ninguém. Envergonhava-se do modo como tratara minha mãe no passado e estava profundamente arrependida por todas aquelas desavenças.

Até que um dia Haweya sofreu um colapso mental e teve de ser hospitalizada. Foi medicada e respondeu bem ao tratamento, apesar dos efeitos colaterais: inquietude, dor, rigidez muscular, tiques estranhos. Minha irmã, aquela mulher forte e bonita, transformou-se num farrapo diante de meus olhos.

Em julho de 1997, Haweya voltou ao Quênia. Em vez de medicamentos, recebia a visita de mulás chamados para livrá-la da psicose. Eles a mandavam ler o Alcorão para que se acalmasse. Foi arrastada a um exorcista, porque algumas pessoas acreditavam que minha madrasta a enfeitiçara. Minha irmã disse ao exorcista que, se ele possuía poderes tão extraordinários, deveria usá-los para curar seus dentes podres. Mesmo em sua loucura, ela jamais perdeu o senso de humor. Às vezes, era amarrada ou espancada para que se acalmasse, mas é claro que isso não adiantava. Seus surtos apenas se tornavam mais incontroláveis. Sofrendo de paranóia, parou de se alimentar. Morreu em 8 de janeiro de 1998.

A morte de Haweya foi o momento mais difícil da minha vida. Quando meu pai me deu a notícia por telefone, caí em prantos, mas ele disse: "Por que você está tão triste? Você sabe que todos voltamos para Deus". Corri para pegar o primeiro vôo para Nairóbi, mas cheguei tarde demais e perdi o funeral. Presumo que ela morreu de exaustão, mas nunca saberei ao certo, pois não foi feita nenhuma autópsia. Em nossa cultura, perguntar sobre a causa de uma morte é um tabu. Cada vez que tocava no assunto, era tratada como uma criança chata que repete sempre a mesma pergunta. A resposta invariavelmente era: "Deus é quem dá e tira a vida".

Muito novas ainda, minha irmã e eu começamos a perceber que sempre nos diziam para respeitar nosso irmão. Ele era apenas dez meses mais velho do que eu, mas entendemos que só os meninos contam. O status de uma muçulmana depende de quantos filhos homens ela tenha. Quando perguntavam a minha avó quantos filhos tinha, a resposta era: "Um". Ela tinha nove filhas e um filho. Agia da mesma forma em relação à nossa família, dizendo que tínhamos apenas uma criança. "E quanto a nós?" Perguntávamos Haweya e eu. "Vocês nos darão filhos homens", respondia ela. Isso me levava ao desespero. Qual seria o propósito de minha vida terrena? Parir filhos homens! Tornar-me uma fábrica de filhos. Tinha nove anos na época.

A fim de maximizar seu potencial de produção de filhos homens, as meninas aprendem desde cedo a sempre se sujeitar — a Deus, aos pais e irmãos, à família e ao clã. As mulheres que aparentam ser melhores nisso são tidas como mais virtuosas. Você deve ser sempre paciente, mesmo quando seu marido exige as coisas mais terríveis. Você será recompensada por isso no além. Mas a recompensa não é lá grande coisa. No paraíso, as mulheres encontrarão tâmaras e uvas. Isso é tudo.

Quando vivíamos na Arábia Saudita, meu irmão podia ir com meu pai a toda parte. Nós tínhamos de ficar em casa. Mas minha irmã e eu éramos crianças curiosas. Queríamos ir também, sentíamo-nos injustiçadas. Essa era uma palavra que mexia com meu pai. Sabíamos disso. Ele queria esclarecer as coisas imediatamente. "Alá disse: 'Dei à mulher uma posição honorável. Pus o paraíso sob seus pés'." Olhamos para os pés de minha mãe e, em seguida, para os de meu pai e caímos na gargalhada. Como sempre, os dele estavam calçados com caros sapatos de couro italiano, enquanto os dela estavam descalços, a pele rachada e descascada por andar de sandálias baratas. Meu pai riu conosco, mas minha mãe ficou brava, bateu-nos e nos tirou da sala. Ela tinha horror à blasfêmia.

No Quênia, passei da escola primária à Escola Secundária para Meninas Muçulmanas. A escola não era freqüentada apenas por quenianas, mas também por garotas do Iêmen, da Somália, do Paquistão e da Índia. Algumas delas eram realmente brilhantes, boas em tudo, tanto academicamente quanto nos esportes. Pela manhã era feita uma chamada. Tínhamos de responder "Presente". Mas, depois de uma certa idade, o número de meninas ausentes parecia cada vez maior. Ninguém sabia para onde tinham ido. Mais tarde, soubemos que elas haviam se casado. Reencontrei algumas delas um ou dois anos mais tarde. Estavam acabadas. Todas aquelas meninas haviam se tornado fábricas de filhos: roliças, grávidas, ou já com uma criança nos braços. O espírito aguerrido, o brilho no olhar, a inquietude, tudo havia desaparecido. O suicídio e a depressão eram comuns entre essas meninas. De certo modo, tive sorte por meu pai não estar vivendo conosco na época. Do contrário, teriam arranjado meu casamento aos dezesseis anos e nessa idade não há como escapar. Para onde eu fugiria?

Desde meados da década de 80, o islã vinha ganhando importância no Quênia. Como muitos outros adolescentes, eu estava à procura de algo e nossa professora de islamismo me causava forte impressão. Ela chamava a atenção com o rosto pálido em forma de coração, formando um misterioso contraste com o lenço preto que lhe cobria a cabeça e o longo vestido negro. Era capaz de falar apaixonadamente sobre o amor de Deus e nossos deveres para com Ele. Foi graças a seus ensinamentos que senti pela primeira vez a vontade de me tornar mártir. Assim, estaria mais próxima de Deus. Submissão à vontade de Alá — era disso que se tratava. Repetíamos sem cessar, como um mantra, a frase: "Nós nos submetemos à vontade de Deus". Comecei, espontaneamente, a usar um véu e roupas pretas por cima do uniforme escolar. Minha mãe estava exultante, minha irmã nem tanto.

E, então, arranjei um namorado. Isso era proibido. Nos beijamos. Isso era mais do que proibido. Para completar, ele era muito religioso, rigoroso quanto às doutrinas acerca do relacionamento entre homens e mulheres. Mas, na prática, não seguia as regras. Naquele momento, tive minhas primeiras dúvidas graves. Pois havíamos mentido. Quanto mais religiosa me tornava, mais me via mentindo e enganando. Isso me parecia errado.

Mais tarde, passei um período num campo de refugiados na fronteira entre a Somália e o Quênia. Vi como as mulheres estupradas durante a guerra eram abandonadas. E me perguntei: se Deus existe, por que permite isso? Não era permitido pensar essas coisas, muito menos falar, mas minha crença estava se esfacelando. Não obstante, eu continuava a me considerar muçulmana.

O 11 de setembro foi um ponto de virada decisivo, mas só seis meses depois, após a leitura do *Manifesto ateísta* de Herman Philipse, ousei admitir em público que não era mais uma crente. Ganhara o livro de meu namorado Marco, em 1998, mas não quisera ler naquele momento. Pensei: um manifesto ateísta é uma declaração do demônio. Sentia uma resistência interna. Mas, recentemente, senti-me preparada. Chegara a hora. Compreendi que Deus era uma invenção e que se sujeitar à sua vontade não passava de submissão ao arbítrio dos mais fortes.

Nada tenho contra a religião como fonte de conforto. Rituais e orações podem servir de apoio e não peço a ninguém para abrir mão disso. Mas rejeito a religião como paradigma moral, como diretriz para a vida. E isso se aplica acima de tudo ao islã, uma religião que a tudo abarca, dominando cada aspecto de sua vida.

Sou acusada de ignorar a distinção entre religião e cultura. A circuncisão feminina, dizem, nada tem a ver com o islã, pois esse ritual cruel não acontece em todas as sociedades islâmicas. Mas o islã exige que você se case virgem. Preserva-se o dogma da virgindade trancafiando as meninas em casa e costurando seus lábios maiores. A circuncisão feminina serve a dois propósitos: o clitóris é removido, a fim reduzir a sexualidade da mulher, e os lábios vaginais são costurados, para garantir sua virgindade.

A circuncisão data de períodos pré-islâmicos, quando o ritual era observado por certas tribos animistas. No Quênia, os clãs começaram a circuncidar as mulheres, temendo que seus clitóris crescessem demais durante o parto e sufocassem o bebê. Mas as práticas existentes foram disseminadas pelo islã. Ganharam importância e foram santificadas. Em países como Sudão, Egito e Somália, onde é grande a influência do islã, atribui-se enorme importância à virgindade.

Dizem também que minha imagem negativa do islã é produto de traumas pessoais. Não digo que minha infância tenha sido um mar de rosas, mas consegui sobreviver a ela. Seria egoísta da minha parte guardar minhas experiências e idéias só para mim. Seria também impossível. As meninas muçulmanas da Holanda que ainda não perderam o brilho dos olhos não precisam passar pelo que passei. Precisamos encarar os fatos e oferecer aos imigrantes o que lhes é negado em sua própria cultura: dignidade individual. O maior obstáculo à integração dos imigrantes é sem dúvida o islã.

Marco — meu ex-namorado, que me deu o *Manifesto ateísta* — vivia no mesmo alojamento estudantil que eu. Depois de uma aproximação que levou dois meses, estávamos apaixonados. Não disse nada a meus pais. Mas contei a meu irmão, que exigiu que eu rompesse imediatamente aquele relacionamento. Não lhe dei ouvidos. Marco e eu vivemos juntos por cinco anos. A propósito, viver com outra pessoa foi um grande passo para mim. Isso ia de encontro a todas as convenções e expectativas de nossa cultura: a virgindade deve ser preservada até o casamento. Por fim, nossa união não funcionou, porque éramos ambos voluntariosos e nenhum de nós estava disposto a ceder. Isso sempre levava a discussões. Além disso, sou bastante dispersiva, enquanto ele é meticuloso e rigoroso. Isso também era fonte de problemas. Nós ainda gostávamos um do outro, mas tornou-se impossível continuar. A nossa volta, víamos outros relacionamentos lutando pela sobrevivência, apesar de tremendas pressões, com todas as conseqüências. Não era isso o que nós queríamos.

O fato de não querer me casar — nem com um primo distante no Canadá nem com ninguém — não podia ser discutido. Meu pai dizia: "Criança, confie em mim, sei o que é melhor para você". Mas não confiei nele e fugi para a Holanda. Escrevi o que eu pensava ser uma carta amorosa mas inequívoca, na qual implorava que respeitasse minha liberdade. Ele a devolveu. À margem havia escrito em vermelho que considerava aquilo um ato de traição, que nunca mais queria me ver e que eu não era mais sua filha. Passamos seis anos sem nos falar. Certa noite, em 1997, o telefone tocou. Marco atendeu, escutou e me passou o aparelho. "Acho que é o seu pai", disse ele. Peguei o telefone e ouvi "*Abbe*", minha filha. Ele havia me perdoado e queria que soubesse que estava orgulhoso de mim, porque eu estava tomando conta de minha irmã. Eu não conseguia parar de chorar. Foi um dos dias mais bonitos da minha vida. Ele havia me aceitado novamente como filha.

7. Ser política não é meu ideal

1. Não terás outros deuses perante mim.

Minha fé tem sido uma fé de medo. Medo de errar. Medo de despertar a ira de Deus. Medo de ser mandada para o inferno, medo das chamas e do fogo. Alá era como o governo: sempre presente, em toda parte; pronto a levar meu pai e mandá-lo para a prisão. Meu relacionamento com Alá funcionava assim: enquanto ele me deixasse em paz, eu era feliz. É verdade que eu rezava nas horas de dor; implorava que fizesse minha mãe parar de me bater. Mas, como qualquer criança que, cedo ou tarde, pressente que Papai Noel não existe, eu aceitava que não podia esperar muito dele.

Penso que sou atéia por natureza; apenas levei algum tempo até encontrar uma confirmação em letra de fôrma para minhas convicções. Isso pode soar arrogante, mas acredito que a maioria das pessoas que se diz religiosa é essencialmente ateísta. Evitam pensar se realmente crêem em Deus e acabam se perdendo em detalhes. Deveríamos promover um debate na Holanda a respeito da origem de nossos princípios morais: foram inventados pelo homem ou são obra de Deus? Teríamos de começar por uma análise das coisas que nosso primeiro-ministro — ou qualquer líder mundial — diz. Você nunca o ouviu com atenção? Está sempre se referindo a valores e princípios bíblicos, nunca às coisas que Deus nos pede ou proíbe. Contudo, ele é um acadêmico, um homem que aprendeu a usar argumentos racionais para descobrir verdades fundamentadas. É possível que ele acredite que o mundo foi feito em seis dias? Que Eva foi criada da costela de Adão? Isso simplesmente não pode ser verdade. Cientistas são céticos. Estou convencida de que nosso primeiro-ministro não é cristão.

2. Não farás para ti nenhuma imagem esculpida, nem figura do que existe lá no alto do céu, ou cá embaixo, na terra, ou nas águas debaixo da terra.

Com o primeiro mandamento, Maomé quis aprisionar o bom senso e, com o segundo, subjugou o lado belo e romântico da humanidade. Fico realmente estarrecida vendo tantas pessoas impedidas de ter acesso à arte. Quanto a isso, o islã é uma cultura cujo tempo já passou, imutável e fossilizada. Tudo está escrito no livro sagrado e isso encerra qualquer discussão. Pessoalmente, ainda julgo os ensinamentos de Maomé ultrapassados, mas, em minha atual condição de política, não posso me permitir uma discussão com alguém que vá me acusar para sempre de tê-lo chamado de atrasado; tenho de guardar para mim esse comentário. Ou melhor, retifico minha declaração: considero o princípio do islã — submeter-se à vontade de Alá — um ponto de partida retrógrado, mas isso não significa que eu julgue primitivos os adeptos dessa crença. Seu desenvolvimento ainda não está tão adiantado, o que não é a mesma coisa. Nunca é tarde para progredir.

3. Não invocarás em vão o nome do Senhor teu Deus.

É uma ofensa capital insultar o profeta de Deus, Maomé. O próprio Alá cuidou para que seu enviado soubesse disso, assim como lhe deu outras mensagens igualmente oportunas. Basta ler o Alcorão: ele roubou Zayneb, mulher de seu discípulo, com a desculpa de que o fazia por vontade divina. E ainda mais grave: apaixonou-se por Aisha, a filha de nove anos de seu melhor amigo. Seu pai disse: "Por favor espere até que ela chegue à idade adulta". Mas Maomé não queria esperar. O que você acha que aconteceu? Ele recebeu uma mensagem de Deus dizendo que Aisha deveria se preparar para Maomé. Em outras palavras, o profeta Maomé nos ensina que é correto tomar a filha de seu melhor amigo. Por nossos padrões ocidentais, Maomé é um pervertido. Um tirano. Ele se opõe à liberdade de expressão. Quem não faz o que ele quer, vai para o inferno. Isso me lembra aqueles governantes megalomaníacos do Oriente Médio: Bin Laden, Khomeini e Saddam. Você se surpreendia com Saddam Hussein? Maomé é seu exemplo; é um exemplo para todo homem muçulmano. Por que você acha que tantos muçulmanos recorrem à violência? O que digo lhe parece chocante, mas, como a maioria da população holandesa nativa, você ignora algo: você se esquece de onde eu vim. Eu era muçulmana; sei do que estou falando. É trágico pensar que, agora que finalmente vivo numa sociedade democrática, onde o valor mais alto é a liberdade de opinião, ainda tenho de lutar contra a chantagem póstuma do profeta Maomé. Na Holanda, um muçulmano pode ler o Alcorão e pensar que Maomé é fantástico. E eu também tenho o direito de pensar que Maomé é um indivíduo desprezível. Ele diz que as mulheres devem ficar dentro de casa, usar um véu, evitar certos tipos de trabalho, não podem ter os mesmos direitos de herança que seus maridos e devem ser apedrejadas se forem adúlteras. Quero mostrar que há outra realidade além da "verdade", divulgada em todo o mundo com dinheiro saudita. Sei que as mulheres que se reconhecem como muçulmanas ainda não me entendem, mas algum dia seus antolhos cairão. Precisamos abrir todos os canais de socialização — família, educação, mídia — para garantir que as mulheres muçulmanas se tornem independentes e capazes de se manter sozinhas. Isso levará muitos anos, mas algum dia essas mulheres compreenderão, como eu compreendi: não quero para mim a vida de minha mãe.

4. Lembra-te do dia do sabá, para o santificar. Seis dias trabalharás e farás todo o teu trabalho; mas o sétimo dia é o sabá do Senhor teu Deus. Nesse dia não farás trabalho algum.

Nas horas agitadas eu penso: agora preciso me recuperar. Nesses momentos, gosto de ser eu mesma por alguns instantes. Passear de pijama, ler um livro ou simplesmente ficar na cama. Sim, vadiar um pouco, é disso que estou falando. Houve um tempo em que chegava a passar três dias nessa vagabundagem, mas, nos últimos meses, isso não tem acontecido. Acredito que o descanso dominical dos cristãos ainda me será útil.

5. Honra a teu pai e a tua mãe.

Alá diz obedeça primeiro a mim, depois ao profeta Maomé e, finalmente, a seu pai e sua mãe. Obedeça-lhes em tudo. Só há uma ocasião em que é permitido desobedecer-lhes: quando pedem que deixe de crer em Alá. Esperei muito tempo antes de declarar publicamente meu rompimento com o islã. Tinha medo das conseqüências, de perder minha família. Passei toda a vida sentada em cima do muro, até que isso não foi mais possível. Tudo o que faço agora, as coisas que falo e escrevo, nada disso seria possível se houvesse permanecido naquela posição incômoda. Agora, há um Deus grande e vazio entre mim e a minha família; eles não querem mais me ver. Essa é a maior perversidade da religião: interferir nos relacionamentos íntimos e obrigar os pais a escolher entre seus filhos e seu Deus.

Estou sempre pensando neles. Sinto saudades. Isso me entristece. No entanto, posso controlar melhor meu sentimento de culpa, agora que não acredito mais que terei de pagar no inferno por minha desobediência. O que mais me deixa triste é pensar como isso tudo é desnecessário: por que não me aceitam como sou? Quero que meu pai esteja lá quando eu prestar meu juramento na Câmara Baixa do Parlamento holandês. Quero que ele me tome nos braços e me aconchegue, como costumava fazer. Isso não acontecerá. Quero enviar dinheiro a minha mãe, mas ela não o receberá. Quero saber como ela está, mas tenho medo de telefonar. Ela escolheu a Alá, não a mim.

Minha mãe é uma mulher rígida e voluntariosa. Sabe como manipular as pessoas à sua volta e, quando isso não dá certo, bate e começa a atirar coisas. Em nossa casa as coisas estavam sempre quebradas. Ela era fria, distante, perfeccionista. Se na escola eu conseguisse acertar nove de dez questões, tudo o que ela perguntaria era por que errara uma. Eu a temia mas também a admirava. Podíamos sempre contar com ela, que tinha de fazer tudo sozinha. Meu pai era o homem mais importante da Somália quando conheceu minha mãe. Isso foi pouco antes de o país se tornar independente. Ele estava ocupado vinte e quatro horas por dia, organizando um Parlamento e um programa de alfabetização. Quando o movimento democrático fracassou e meu pai foi preso, ela foi muito leal a ele. Visitava-o todos os dias e muitas vezes levava comida. Mas quando estava cansada e precisando de seu apoio, não podia contar com ele. Isso acontecia repetidamente. Tivemos de segui-lo a países diferentes, onde se falavam línguas que ela — a orgulhosa filha de um juiz proeminente — não entendia; onde ela era obrigada a sair de casa — embora Alá tivesse ordenado que não o fizesse — para discutir, num árabe insuficiente, com os comerciantes locais. Posso entender por que se tornou tão amarga. Não é uma comparação justa, mas não posso negá-la: tenho mais saudades de meu pai do que de minha mãe. Era afetuoso, dava-nos carinho e brincava conosco. Costumava dizer que eu era bonita. E inteligente. Cobria-me de elogios. Quando estávamos com ele, eu era feliz. Mas ele sempre nos deixava sem dizer adeus. Da última vez em que saiu de casa, disse: "Estarei de volta no próximo fim de semana", mas só o veríamos dez anos depois. Mas, assim mesmo... sim, talvez nossa perda de contato seja o maior preço que tenho de pagar. Queria ir visitá-lo, mas sei que bateria a porta na minha cara. Sei que prefere continuar acreditando que estou mentalmente doente. Mas continuarei tentando. Quando tenho saudades dele, quando sinto a necessidade de falar com ele, quando quero um abraço como os que ele costumava me dar, sou realista o suficiente para saber que dessa vez ele não vai me ouvir. Mas sou também idealista o bastante para não perder a esperança de que algum dia ele abra novamente a porta.

6. Não matarás.

Há por aí alguns fanáticos religiosos que querem me matar, porque me tornei atéia e porque, matando-me, garantem para si um lugar no céu. Ao menos, é nisso que acreditam. Mas creio que represento uma ameaça, acima de tudo, para aqueles muçulmanos que temem que eu seja capaz de influenciar a opinião dos holandeses, para que providenciem a retirada dos subsídios às minorias étnicas e o fechamento das escolas islâmicas. Não se esqueçam: muitos muçulmanos já estão do meu lado, mas mantêm isso em segredo. Tão logo eles se revelem, tão logo as coisas comecem a mudar e novas leis sejam aprovadas, cessará a motivação para matar-me. Para mim, trata-se de uma mera questão de perseverança. Por quanto tempo ainda precisarei de proteção? Não muito. Não se trata apenas de mim. O islã e o modo como as pessoas ou partidos se dedicam à defesa das doutrinas de Maomé tornaram-se temas de discussões internacionais, registrados em relatórios das Nações Unidas. Bin Laden e seus seguidores obtiveram exatamente o oposto do que pretendiam. É provável que as coisas tenham primeiro de piorar — a invasão americana ao Iraque mostrará o quanto —, mas o 11 de setembro, guarde minhas palavras, foi o começo do fim do islã como o conhecemos.

7. Não cometerás adultério.

Arranjaram-me um casamento com um primo distante, com quem constituiria uma família no Canadá. Quando fugi, meu pai me repudiou. Com o passar do tempo, arrependeu-se dessa decisão e moveu mundos e fundos para me conseguir o divórcio. Ele achava que eu devia me casar novamente; não suportava a perspectiva de que eu não tivesse filhos. O divórcio foi concedido no verão passado, mas é claro que as boas notícias perdem a importância quando se sabe que jamais fui fiel a meu marido ao longo desses anos. Tive vários namorados e vivi com alguém durante cinco anos. Nunca contei a meu pai, mas não há dúvida de que a comunidade somali da Holanda — que sempre esteve de olho em mim — tratou de passar a informação adiante. Minha situação não é nada boa: por minha libertinagem devo receber, segundo o Alcorão, dez chibatadas, e pelo adultério posso ser apedrejada.

Fora do contexto religioso, tenho sido sempre leal. Percebi que as pessoas têm dificuldade em estabelecer um relacionamento comigo. Marco, o rapaz com quem vivi por algum tempo, costumava dizer que sou esquiva. "Você não se expressa", dizia ele. "Com você, nunca sei onde estou pisando." É verdade que acho difícil me apegar aos outros, mas não deixo de fazê-lo (o mais provável é que eu rompa com alguém por causa de uma discussão). No momento, Marco e eu estamos nos entendendo; tão bem, na verdade, que ele está se perguntando por que não voltamos a morar juntos. Mas eu sei que é preciso muito pouco para que ele perca a cabeça, e não quero passar por isso de novo. Não sou boa em expressar minha raiva. Não quero fazê-lo; venho de uma família cujos membros estavam sempre batendo boca; hoje, quero o contrário disso.

8. Não roubarás.

Minha mãe achava aulas de ginástica indecentes. Recusava-se a me dar o dinheiro extra, exigido pela escola, então eu roubava. Fazia o mesmo para freqüentar aulas de canto e para comprar os lápis de cor que usávamos na escola. Tão logo percebia que o dinheiro havia sumido de sua bolsa, começava a praguejar, agarrava-me pelos cabelos e me arrastava por toda a sala. Eu estava sempre coberta de hematomas. Batia-me com a mão, uma vara ou o que mais estivesse a seu alcance. Eu costumava também roubar comida da despensa para dar aos mendigos que passavam pela porta. Da primeira vez, ela pareceu até achar engraçado, mas quando viu uma multidão esperando do lado de fora e percebeu que a comida do mês inteiro desaparecera do armário, teve um acesso de fúria.

Uma santa, eu? Longe disso. Pequei contra os princípios religiosos em cuja observância fui criada. E era também travessa — provocava outras meninas na escola, tocava a campainha das casas e corria, feria os sentimentos de minha avó questionando sua autoridade. E se isso não é ruim o bastante, deixe-me contar como fui responsável pela estigmatização de nosso professor de Alcorão.

Quando chegou à conclusão de que nos mandar para a escola alcorânica era uma perda de tempo, minha mãe contratou um professor particular para nos dar aulas em casa. Tínhamos de preparar nossa própria tinta e copiar passagens do Alcorão em tábuas de madeira. Em seguida, devíamos limpar as tábuas e começar tudo outra vez. Todo sábado. Depois de algum tempo, perdi a paciência e me tranquei com minha irmã no banheiro. Quando o professor, minha mãe, minha avó, ou seja lá quem fosse, vinha até a porta, recusávamo-nos a abrir. Eu dizia, aos berros, as coisas mais terríveis ao professor alcorânico, como, por exemplo, que escrever em tábuas era algo obsoleto já no século XVI. A certa altura, minha mãe o dispensou: "Tome o seu dinheiro, elas não querem aulas de Alcorão. Estou exausta, eu desisto". Não muito depois, sozinha em casa, vi o professor se aproximar. Corri para o portão, mas era tarde. Ele me arrastou para dentro, vendou-me e começou a me bater. Golpeou-me várias vezes, até que consegui arrancar a venda. Então, ele me pegou pela cabeça e me jogou contra a parede. Mais de uma vez. Ouvi um estalo e perdi a consciência. Descobriu-se que os golpes haviam fraturado a base de meu crânio. Tive de passar doze dias no hospital, e a conta foi enviada ao professor. Além disso, ele teve de nos pagar uma indenização pelo sofrimento causado. Depois disso, não podia mais dar as caras em lugar nenhum. Ficou marcado para toda a vida. Terei de viver com isso: levei alguém à ruína.

9. Não levantarás falso testemunho contra teu próximo.

Cheguei a dominar a arte da mentira. Mas, quando não precisei mais dizer mentiras — Deus não existe; não tenho de dizer a verdade só porque Alá quer isso de mim —, decidi-me conscientemente a nunca mais mentir.

10. Não cobiçarás a casa do teu próximo. Não cobiçarás a mulher do teu próximo, nem o seu servo, nem a sua serva, nem o seu boi, nem o seu jumento, nem coisa alguma que pertença a teu próximo.

Isso depende do que você cobiça. Gostaria de escrever tratados filosóficos, como Karl Popper, por exemplo. Portanto, paradoxalmente, este passo — ingressar na política — não contribuiu para meu ideal. O que eu mais gostaria de fazer é me tornar uma filósofa e desenvolver minhas próprias teorias. Um lugar onde possa escrever; alguém para cuidar da limpeza; nenhuma preocupação com o pão de cada dia; debates verdadeiros em vez de discussões despropositadas sobre coisa nenhuma. É isso, em suma, o que me faria feliz.

8. O pesadelo de Bin Laden

Entrevista com Irshad Manji

Aos catorze anos, a escritora canadense, nascida em Uganda, Irshad Manji, foi expulsa da escola por fazer perguntas críticas a respeito do islã. Mas ela não se dobrou. Continuou a estudar sua religião em casa, por conta própria. Tornou-se assim, aos olhos de muitos muçulmanos, uma traidora. Pois Irshad Manji faz críticas severas ao islã em artigos de jornal, livros e palestras. E admite abertamente ser lésbica.

Entrevistei-a por ocasião do lançamento da tradução holandesa de seu livro *The trouble with Islam* [Minha briga com o islã].

Reparei que no livro você se refere a seus "companheiros muçulmanos". Você ainda se considera muçulmana?

Sim, sou muçulmana. Quero sê-lo, porque estou convencida de que podemos reformar o islã. Acredite em mim, quando me expulsaram da escola, aprendi mais sobre o islã, por mim mesma, do que poderiam aprender todos aqueles muçulmanos do outro lado dos muros escolares. Se ao menos houvesse mais muçulmanos fazendo o mesmo, isto é, pensando por suas próprias cabeças, nossa religião seria bem diferente. Percebo que muitos jovens muçulmanos anseiam por isso. Ao final de cada palestra que dou numa universidade, os estudantes vêm me procurar dizendo: "Ajude-nos, não podemos respirar; essa religião está nos sufocando". Foi por isso que escrevi o livro.

Mas você se sente muçulmana porque isso faz parte de sua identidade ou apenas porque foi criada nesse sistema?

Não, não se trata de identidade. Minha preocupação são os direitos humanos. Não consigo ficar calada quando vejo mulheres sendo humilhadas em nome do islã. Estou constantemente instigando meus companheiros muçulmanos: não sejam tão egoístas. Levantem-se, façam alguma coisa! Mulheres que optaram por usar lenços sobre a cabeça e véus cobrindo a face sempre me advertem de que cabe a elas fazê-lo ou não. Respondo que sim, está bem para vocês, que se vestem assim por opção. Mas pensem nas suas irmãs que vivem sob um regime opressivo, que as obriga a andarem cobertas e que irá reprimi-las e agredi-las se não o fizerem. Lutem por elas. Foi o próprio profeta Maomé quem disse: religião é o modo como nos comportamos em relação aos outros. Em outras palavras, quem varre sua responsabilidade para baixo do tapete não tem o direito de se considerar muçulmano.

Mas Maomé também se casou com uma menina de nove anos. Você não acha isso terrível?

Claro que acho. Não conheço Maomé, nunca estive com ele. Não posso dizer ao certo se ele foi um feminista ou um misógino. Mas algumas declarações dele no Alcorão soam bastante modernas. Sempre insisto em perguntar aos homens muçulmanos: por que vocês usam essas barbas e esses trajes árabes do século XVII, mas não se interessam por nenhuma das idéias progressistas incluídas por Maomé no Alcorão?

Na teoria, o islã é uma religião bela e tolerante. O problema, porém, é que essa bela religião sofre os efeitos da pressão do imperialismo cultural árabe, que determina que as mulheres devem abdicar de sua individualidade pela honra da família, tornando-se propriedade comunal. Uma garota estuprada recebe 180 chibatadas por fazer sexo antes do casamento. Devemos nos livrar dessas práticas.

Mas isso continua sendo muito difícil. O islã tem suas raízes na herança cultural árabe. Até 610 d.C., quando um homem teve, de repente, algumas idéias dentro de uma caverna, o islã não existia.

E é exatamente por isso que qualquer reforma no islã é tão difícil. A cultura árabe não estimula o pensamento independente, mesmo sendo essa a única chance do islã. Conseguir que milhões de muçulmanos pensem por si mesmos? Não, isso não vai acontecer. Mas podemos tentar formar uma voz crítica forte e capaz de persuadir os outros. O mais importante é não permitir que um pequeno grupo de mulás nos diga o que fazer, e que nós, muçulmanos ocidentais — pois é nesse grupo que depositei minhas esperanças —, tenhamos a coragem de descobrir por nós mesmos quão ambíguo e contraditório é o Alcorão e de discutir livremente nossas descobertas.

Como conseguir isso dos muçulmanos ocidentais?

Precisamos de políticos que tenham coragem de dizer essas coisas, que não tenham medo de serem chamados de controversos e racistas. Assim como o Alcorão não deve ser interpretado literalmente, a sociedade multicultural não deve ser vista como um dogma. Não podemos nos esquecer de que as pessoas, sejam muçulmanas ou não, só têm o direito de serem respeitadas se elas mesmas respeitarem os outros. Em se tratando de direitos humanos, não se pode aplicar dois pesos e duas medidas.

Por que os ocidentais liberais e seculares têm tanto medo de se posicionar contra os abusos do islã?

Eu também gostaria de saber! Há muito tempo me faço essa mesma pergunta. De que vocês têm medo? É o que pergunto a meus amigos no Ocidente. Por que vocês não condenam as violações dos direitos humanos nos países islâmicos se estão sempre se manifestando contra tais atrocidades nos Estados Unidos e em Israel?

Na Holanda, os muçulmanos se dizem demonizados pela imprensa, que os joga nos braços dos terroristas.

Os jornalistas não obrigam ninguém a fazer o que não quer. Por acaso sua cabeça pertence a outra pessoa? Tudo o que você faz aqui no Ocidente livre é escolha *sua*. Cresçam, pelo amor de Deus! Assumam suas responsabilidades. Esse é o X do problema para os muçulmanos; nunca foram bons em assumir responsabilidades. Nos madraçais, nos incutem a idéia de que o islã é superior. Historicamente, o Alcorão foi concebido depois da Torá judaica e, portanto, é tido como a última palavra de Deus. Esse ponto de vista é perigoso, porque tolera tudo o que seja feito em nome do islã, mesmo que pareça errado. Nenhum muçulmano, nem mesmo o mais bem educado e moderado, pode questionar sua fé com segurança. E isso única e simplesmente porque nunca aprendemos a fazer nem sequer uma mera pergunta sobre o Alcorão.

Na Holanda, os muçulmanos não hesitam em tachar qualquer um que critique o islã de racista.

Isso me parece de uma hipocrisia terrível. O tipo de racismo que os muçulmanos são obrigados a tolerar no Ocidente não é nada em comparação com o tratamento que os não-árabes recebem no mundo árabe. Ninguém aqui está criando o menor obstáculo ao caminho dos muçulmanos. Pelo contrário: as pessoas têm receio de assumir uma posição mais firme contra a circuncisão feminina porque faz parte "da cultura deles". A cultura não é, certamente, uma razão para se tolerar o sofrimento humano. Por que a polícia não tem permissão para intervir quando um pai ameaça matar sua filha se ela não quiser ser circuncidada? A resposta padrão é que as mulheres ocidentais são manipuladas da mesma maneira pelos ideais da beleza que dominam sua cultura. Sentem-se pressionadas a se submeter a operações plásticas. Mas há uma grande diferença: nunca ouvi falar de um pai que tenha repudiado a filha porque ela se recusou a aumentar os seios. Mas sei de casos em que isso aconteceu quando a filha não quis ser circuncidada ou submeter-se a um casamento arranjado. O pior é que o medo da discriminação agrava ainda mais a situação das mulheres muçulmanas. A quem você está ajudando com seu silêncio? É egoísmo não querer parecer racista.

Li em algum site na Internet que você foi chamada de pesadelo de Bin Laden.

Não escondo minha condição de lésbica. Os muçulmanos são obrigados a considerar isso um pecado. Sustentamos essa opinião há centenas de anos, dizem eles. Será esse um argumento válido para rejeitar os homossexuais? Simplesmente por que você já faz isso há tanto tempo? O Alcorão diz que a diversidade da natureza é uma bênção. Isso basta para calá-los.

9. O preço da liberdade é a vigilância constante

Ocasionalmente me vejo em situações estranhas, que me fazem tomar novos rumos. Isso aconteceu algumas vezes nos últimos tempos. Tornei-me política, por exemplo. E, o que é ainda mais estranho, filiei-me ao conservador Partido Liberal. Quem poderia imaginá-lo? Eu certamente não.

Em 2002, eu estava almoçando num restaurante no subsolo da Câmara Baixa do Parlamento holandês. Lá, os jornalistas podem tomar um drinque com os políticos num clima de descontração e fazer-lhes perguntas em off. Estava eu lá sentada, quando um cavalheiro gentil e encantador se dirigiu a minha mesa e me perguntou se eu gostaria de dizer algumas palavras sobre a liberdade de expressão no Quatro de Maio, dia em que a Holanda homenageia os mortos da Segunda Guerra Mundial.

O cavalheiro em questão era Caspar Becx, o recém-nomeado presidente do Nieuwspoort International Press Centrum (Centro de Imprensa Internacional de Nieuwspoort). Ele disse que achou estranho eu ter sido ameaçada na Holanda, justo por fazer uso de meu direito de dizer o que penso. Não é estranho ser um membro do Parlamento e não poder ir a parte alguma sem guarda-costas?

Ele tem razão, pensei. E assim, no calor do momento, aceitei o convite.

Somente mais tarde, ao preparar meu discurso, dei-me conta de que deveria dizer algo por ocasião do Quatro de Maio, dia de Lembrança dos Mortos, a data politicamente mais delicada e emocional do ano. Esse dia é um símbolo do período mais negro da história holandesa e européia. Apenas na Holanda, foram mortas 240 mil pessoas, das quais mais de 100 mil eram judeus. No que eu estava me metendo quando aceitei o convite? Como poderia eu, nascida na Somália e vivendo no país há não mais do que dez anos, poderia contribuir para um dia tão sério e importante? Será que o sr. Becx não poderia ter encontrado outra pessoa que fizesse jus ao simbolismo do Quatro de Maio? Um militante da Resistência, por exemplo? Ou, quem sabe, um parente de alguém que tenha lutado na Resistência? Afinal, na Holanda, por volta de 25 mil pessoas estiveram ativamente envolvidas no movimento durante a Segunda Guerra. O fato de que cumpro minhas tarefas de parlamentar cercada de guarda-costas não basta para que seja eu a indicada para discursar em defesa da liberdade de expressão. Durante a guerra, foram publicados cerca de 1,2 mil panfletos ilegais; há pessoas neste país que puseram sua vida em risco para produzir e publicar esses panfletos. Sem dispor do luxo de guarda-costas. Por que elas não foram convidadas a dizer algo?

Hoje é Quatro de Maio, e me encontro na peculiar situação, na qual, vocês, caros convidados, esperam que eu faça um discurso significativo. Mas em que pode uma imigrante contribuir para o Quatro de Maio ou para o Cinco de Maio, Dia da Libertação? Será que compartilho da memória coletiva dos holandeses ou dos europeus da geração da guerra? E por que deveria eu comemorar seus mortos, enquanto, em meu próprio país e continente de origem, um número incalculável de pessoas morre a cada dia e é esquecido?

Mas talvez, pensando melhor, a idéia de convidar uma imigrante para falar hoje não seja, afinal, tão estranha. A guerra terminou há 58 anos, e a maior parte da população holandesa a considera, de pleno direito, como um fato do passado. Formalmente, o país já celebrou a paz com a Alemanha. As gerações mais novas do pós-guerra sentem-se cada vez mais distantes dela. A liberdade e o direito à livre expressão tornaram-se lugar comum na Holanda. Na Europa de hoje, as palavras ainda podem exercer um forte impacto. Elas tocam, machucam e ofendem. Mas isso raramente termina em processos ou ameaças. Não damos o devido valor à liberdade de expressão. Talvez devêssemos valorizar mais essa conquista.

Muitos imigrantes sofreram extrema pressão e coerção. Pergunto-me se essa experiência não pode ajudar a transformar o Dia de Lembrança dos Mortos em algo mais do que um ritual que, com o passar do tempo, perde seu verdadeiro significado. A cultura da liberdade de expressão influencia gerações inteiras de imigrantes, forçando-as a repensar e, às vezes, repudiar antigos costumes. Mas também permite que eles questionem a memória coletiva formada ao longo dos anos na Holanda, uma memória que ainda reluta em aceitar muitas questões. Algumas destas foram oficialmente reconhecidas pela primeira vez num pronunciamento oficial da rainha Beatrix, por ocasião do qüinquagésimo aniversário do fim da guerra: "Em um relato objetivo do acontecido, não devemos ocultar o fato de que o invasor encontrou a heróica resistência de alguns, bem como a aceitação passiva e o apoio ativo de outros".

Com efeito, é verdade que a Holanda ainda luta com seu passado colonial. E, o que é pior do ponto de vista de um imigrante, foram os europeus que colonizaram partes da África e se recusaram a libertar as colônias mesmo depois da Segunda Guerra. E não foram os holandeses que atacaram a Indonésia quase imediatamente depois de sua libertação dos alemães? Ainda tenho dificuldade para entender esse comportamento.

A chegada dos imigrantes reviveu uma intensa discussão sobre liberdade, segurança e, sobretudo, sobre a livre expressão. Há vários conflitos maiores e menores em curso entre europeus e imigrantes de países onde os eventos da Segunda Guerra Mundial são vistos sob um prisma diferente. E praticamente todos esses conflitos despertam associações com a Segunda Guerra para os europeus: declarações e programas políticos de partidos de extrema-direita nos lembram os reides de Hitler — nunca mais devemos repetir Auschwitz. Contudo, árabes de terceira geração, que se identificam com os chamados árabes da Palestina e fazem passeatas na Dam Square, em Amsterdã, repetem entusiasmados: "Hamas, hamas, judeus para o gás!".

Todo imigrante vive um conflito entre a lealdade ao país de origem, à família e ao passado, de um lado, e ao país do presente e do futuro, do outro. Quando criança, só ouvia comentários negativos sobre os judeus. Minha lembrança mais antiga é de quando vivíamos na Arábia Saudita em meados dos anos 70. Algumas vezes faltava água. Lembro-me de ouvir minha mãe expressar sua total concordância com o vizinho: tratava-se de mais uma crueldade dos judeus. "Esses judeus odeiam tanto os muçulmanos, que farão qualquer coisa para nos desidratar." "Judeu" é o pior dos xingamentos tanto em somali quanto em árabe. Mais tarde, em minha adolescência, quando vivi na Somália e no Quênia, a partir de meados da década de 80, todas as nossas orações incluíam súplicas pelo extermínio dos judeus. Imagine: cinco vezes por dia.

Rezávamos fervorosamente por sua destruição, embora na verdade nunca tivéssemos visto um único judeu. Com essa experiência e minha lealdade à variante política, cultural e religiosa do islã que eu trazia (assim como milhões de muçulmanos) da infância, cheguei à Holanda. Aqui, pude conhecer de uma visão inteiramente diferente dos judeus: são seres humanos acima de tudo. Mas o que mais me perturbou foi tomar conhecimento da enorme injustiça feita ao povo classificado como "judeu". O Holocausto, e o anti-semitismo que o motivou, não podem ser comparados a nenhuma outra forma de limpeza étnica. Isso faz da história dos judeus na Europa algo único.

A motivação e determinação que leva as pessoas ao genocídio é mais fácil de entender. Os hutus contra os tútsis em Ruanda e os sérvios contra os muçulmanos na antiga Iugoslávia provam que as pessoas podem se organizar pelo ódio para cometer atos abomináveis. Tais irrupções de violência são freqüentemente precedidas de opressão e cerceamento da liberdade, muitas vezes promovidos pelo Estado ou — o que é cada vez mais comum — provocados pela inexistência de um governo que controle a situação. Investe-se muito tempo e planejamento prévio no processo de cultivo e organização do ódio que dá origem aos atos de hostilidade. Dissidentes que têm consciência da natureza destrutiva dos planos tentam resistir; advertem os outros e buscam dissuadi-los de participar. Para isso, são necessárias instituições que garantam a liberdade de expressão.

Não fui a única a emigrar para a Holanda, a Europa ou o Ocidente em busca de liberdade. Há milhões como eu. Chegam de avião mediados por traficantes de pessoas, tendo vendido todos os seus pertences para pagar a viagem. Imigrantes de países onde não há liberdade fogem em caminhões, andam a pé por dias seguidos, ou atravessam o mar em barcos pequenos e frágeis. Milhares de pessoas morreram a caminho da Europa.

O que os europeus conquistaram nos últimos 58 anos, pela rememoração dos mortos e celebração da libertação, foi a compreensão de que a liberdade e a paz que a acompanha têm de ser preservadas à custa de esforços constantes. O gozo da identidade pessoal e a aceitação do pluralismo só são de fato possíveis quando os indivíduos têm seus direitos garantidos. A compreensão de que sociedade civil significa conviver com o conflito, de que para isso são necessárias palavras. E que portanto a palavra — a liberdade de expressão — é a chave de uma sociedade estável.

É aqui, na Europa, que os imigrantes como eu podem explorar a realidade da livre expressão, sem o risco de conseqüências graves, como banimento, prisão, queima de livros, censura e decapitação. Descubro, todos os dias, os efeitos que as palavras podem ter — às vezes isso pode ser doloroso. Elas podem magoar e ofender, ou dar margem a mal-entendidos. Mas podem também esclarecer, explicar e geralmente aliviam o sofrimento. Para os imigrantes de países onde não há liberdade de expressão, é difícil aprender a lidar com essa liberdade. Difícil, porém necessário.

Precisamos de palavras para entender o momento presente. Palavras para nos reconciliarmos com o passado. Palavras para expressar o conflito de lealdades que enfrentamos ao migrar para outro país, esse sentimento de divisão entre dois mundos. Palavras para descrever o que pensamos de nossa cultura e religião, que são parte das razões pelas quais deixamos nosso coração e nosso lar.

Como imigrante que se estabeleceu na Europa, estou em condições de comparar o modo de vida em minha nação de origem com o de meu futuro país. Para compartilhar minhas observações com outros imigrantes que têm dificuldade para se ajustar, preciso de palavras. Preciso de palavras para dizer que os padrões e valores legados por nossos pais talvez não sejam tão maravilhosos como pensávamos.

Como disse no início, recentemente me vi em situações estranhas que viraram minha vida de cabeça para baixo. Mas nunca esquecerei onde essa vida começou: no hospital Digfeer, em Mogadíscio, hoje severamente atingido pela guerra. E nunca deixarei de me perguntar quantas das crianças nascidas lá, ao mesmo tempo que eu, tiveram uma vida feliz?

10. Quatro histórias de mulheres

Em 1992, fugi para a Holanda, livrando-me de um casamento que meu pai arranjara com um membro de nosso clã no Canadá. Apesar dos meus veementes protestos, meu pai se recusou a mudar de idéia. Na Alemanha, a caminho do Canadá, agarrei a oportunidade de escapar de minha família e parti para a Holanda, onde fui encaminhada ao Centro de Refugiados. Lá, eu era a única capaz de contar a história dos meus companheiros de exílio em inglês. Duas jovens somalis, que viviam comigo no mesmo bangalô, pediram-me para acompanhá-las ao Serviço de Assistência aos Refugiados e ajudá-las a explicar sua situação. Logo me pediam para ir com elas a todo lugar. Tinham piolhos e precisavam de atendimento médico. Fui com elas ao Departamento de Registro de Estrangeiros; ao Serviço de Auxílio Legal; a várias instituições responsáveis pelo bem-estar social. Outros refugiados da Somália ouviram falar de mim. Depois de algum tempo, os funcionários do Serviço de Assistência me aconselharam a traduzir profissionalmente. Eu o fazia como favor, enquanto os intérpretes profissionais recebiam uma remuneração decente. No início, meu holandês não era bom o bastante. Traduzia do somali para o inglês, mas me disseram que não poderiam pagar por isso. Os funcionários me deram uma força: "Comece em holandês e, se você ficar atrapalhada, continuamos em inglês".

Em 1993, deixei o abrigo de refugiados e me candidatei a uma vaga no Centro de Intérpretes da Holanda. Embora tenha me saído bem nos testes, disseram que teria de esperar até que tivesse pelo menos três anos de residência no país. Percebendo que o número de somalis que migravam para a Holanda era cada vez maior, bati na porta do Serviço de Imigração e Naturalização. Fui incluída na lista de intérpretes disponíveis e, desde então, não me faltou serviço. Trabalhei como intérprete de 1995 a 2001. Conheci dezenas de homens e mulheres que contraíram doenças sexualmente transmissíveis (AIDS, sífilis, gonorréia, clamídia etc.) e muitas mulheres que engravidaram por acidente. A gravidez indesejada é muito mais comum entre recém-chegados de países do terceiro mundo, onde ainda há um grande tabu a respeito de tudo o que tenha a ver com o sexo, do que entre os ocidentais, que têm uma atitude mais liberal em relação à sexualidade.

Estas são quatro experiências de quando trabalhava como intérprete.

"NÃO ESTOU GRÁVIDA, SOU VIRGEM"

Uma jovem somali, de dezenove anos, procura o Serviço Médico do Centro de Refugiados em Gravendeel, queixando-se de mal-estar. Um dos médicos examina sua urina e conclui que ela está grávida. O médico quer comunicar-lhe o resultado do exame e pede-me que faça a tradução por telefone.

Chocada, a jovem desmancha-se em lágrimas. Posso ouvi-la chorar do outro lado da linha, mas não entendo o que diz. Parece totalmente desesperada. Tenho calafrios só de lembrar.

Então ela diz: "Mas isso é impossível, sou virgem, não posso estar grávida". Ela persiste na negação. Diz que pode provar sua virgindade: "Fui costurada". Ela não pode ter feito nada com um rapaz, porque a sutura permanece intacta.

O médico tenta acalmá-la e promete repetir o exame de urina.

Pouco depois, recebo outra ligação da mesma jovem e ouço a mesma história. O médico diz que examinou novamente a amostra e que ela está mesmo grávida. Ele pergunta se a garota recebeu algum tipo de educação sexual. Ela responde: "Para quê? Eu não precisava disso: ia me casar virgem".

Ela conta ao médico que estava há apenas um mês na Holanda. Um jovem somali, que estava na Holanda há muito mais tempo e falava holandês, ajudara-a em tudo. Cada vez que ela precisava consultar seu advogado, ele a acompanhava. Um dia, convidou a moça e duas outras jovens somalis a sua casa em Dordrecht. Lá tentou seduzi-la. Subiu com ela ao seu quarto, enquanto as outras duas esperavam na sala. Quis ir para a cama com a jovem e a despiu. Prometeu não tirar sua virgindade. Insistia que a havia ajudado e que era hora de ela retribuir.

A muito custo, o médico consegue extrair dela um relato. A jovem conta que o rapaz não introduziu o pênis nela, apenas o friccionou contra sua pele. Ele ejaculou enquanto estava sobre ela, mas os pontos permaneceram intactos. Ambos estavam convencidos de que ela ainda era virgem.

O médico explica que para engravidar são necessários um homem e uma mulher, que algumas mulheres são mais férteis do que outras, e que há períodos de maior e menor fertilidade, dependendo da fase do ciclo menstrual. Ao que parece, a moça tivera a infelicidade de estar especialmente fértil naquele momento, possibilitando que engravidasse, possivelmente com uma única gota de esperma.

Sua reação demonstra a mais completa ignorância a respeito de relações sexuais e reprodução.

O médico explica que ela tem várias opções: ficar com o bebê, abortar ou dá-lo para adoção.

A garota está atônita. "Cheguei há apenas um mês", grita histericamente, "não posso fazer isso. Minha família juntou tanto dinheiro para minha viagem à Holanda, e é assim que eu agradeço. Eu os cobri de vergonha. Não posso deixar isso acontecer. Tenho de me esconder."

Quando o médico lhe pergunta se quer fazer um aborto — afinal, o feto ainda está num estágio inicial de desenvolvimento —, ela diz: "Não, já estou desgraçada perante minha família, não vou matar meu bebê e me desgraçar diante de Alá". Ela se recusa categoricamente a abortar. Isso está fora de cogitação. "Vou acabar no inferno."

De acordo com o islã, uma gravidez fora do casamento é motivo de grande vergonha para a família, mas ainda é possível redimir-se aos olhos de Alá. O aborto, porém, o assassinato de um bebê inocente, é um pecado mortal, para o qual não há perdão.

O médico sugere a alternativa de ceder a criança para adoção. Após breve consideração, ela descarta essa opção. "Cometi um erro", diz ela, "agora tenho de assumir minha responsabilidade."

O médico diz que, nesse caso, ela terá de vir para exames periódicos e, se desejar, poderá contar com o apoio de um psicoterapeuta. Ela concorda com a proposta de envolver o pai, o que demonstra que gostava do garoto apesar de tudo.

A jovem estava completamente desorientada. Nunca recebera nenhum tipo de educação sexual porque em sua cultura isso era tido como desnecessário. Sexo antes do casamento é proibido; uma mulher deve se casar virgem. A educação sexual só serviria para dar idéias erradas.

Esse tabu também leva os muçulmanos à ignorância sobre a AIDS e suas formas de transmissão. Acreditam que a doença só pode ser contraída por homossexuais, cristãos e infiéis, não por muçulmanos ou somalis. Servi de intérprete a homens que tinham vida sexual ativa e se deitavam com prostitutas. Quando se descobria que eram HIV positivos, diziam: "Não pode ser, sou muçulmano". Como se o vírus soubesse a diferença.

As meninas somalis são criadas sob o lema "mantenha seus pontos intactos". A noite de núpcias é a hora da verdade. Se se descobre que as paredes da vagina não estão mais costuradas, a mulher é uma prostituta. A sutura vaginal não é, a rigor, um costume muçulmano. O profeta Maomé diz no Alcorão que os meninos devem ser circuncidados, mas não há menção à circuncisão feminina. A tradição da sutura é pré-islâmica, mas foi adotada pelo islã, assim como o costume pré-cristão da árvore de Natal foi adotado pela cristandade. Os eruditos muçulmanos nunca condenaram o ritual da circuncisão feminina, porque a virgindade das noivas tem um peso enorme no islã. Ao tomar conhecimento dessa prática tribal, devem ter pensado, "Ei, talvez isso seja uma boa maneira de garantir a virgindade de uma jovem. Excelente!". A sutura é especialmente popular na Indonésia e nos países islâmicos da África, como a Somália, a Eritréia, o Sudão e o Egito.

A HISTÓRIA DE ANAB

Anab e Shukri são duas refugiadas menores de idade. Quando chegam à Holanda, perguntam-lhes se têm família no país. São enviadas a Sa-ied, um meio-irmão mais velho, que vive no país com a mulher há cinco anos. A organização responsável pelos menores que buscam asilo, a Fundação Opbouw, põe as meninas "sob os cuidados" do irmão, em vez de nomear um tutor oficial. Na época, a instituição era responsável por encontrar tutores adequados para os menores refugiados que chegavam sem os pais e por monitorar seu bem-estar geral.

Sa-ied submete as duas a graves abusos sexuais por um longo período; Anab, a mais velha, é a que sofre mais e por mais tempo. A história vem à tona quando a mais nova, Shukri, procura o assistente social da Fundação e lhe conta tudo. A organização denuncia o caso à polícia e contata a agência de proteção à criança. Sa-ied é preso.

No quartel-general da polícia dos costumes em Haia, encontro a irmã de Anab e Shukri. Fui chamada para servir de intérprete a essa somali pesadamente grávida, que cobre a cabeça com um véu. Ela me cumprimenta e imediatamente pergunta: "A quem você pertence?", isto é, "De que clã você é?". Digo que, em minha condição de intérprete, não estou autorizada a responder a tais perguntas. Mas ela insiste; afinal, sou uma mulher somali, e o assunto que será discutido é delicado. Mais uma vez me recuso a responder, explicando que trabalho sob sigilo profissional.

A mulher diz à polícia que ela, suas duas irmãs e seu meio-irmão são todos filhos do mesmo pai. Em tais circunstâncias, um meio-irmão não se distingue de um irmão. A polícia quer saber detalhes sobre o criminoso. Ela sabia que ele abusava sexualmente das irmãs? Ele tem um histórico de abusos a mulheres e meninas? Segue sempre o mesmo padrão? E assim por diante. Ela leva meia hora ou mais explicando aos policiais que sua família era perfeita e virtuosa e que esse garoto constituía a única exceção; que o abuso sexual não existe entre os somalis; que aquilo era uma maldição. Por fim, exige uma investigação rigorosa do caso para averiguar se o fato realmente acontecera. A mulher está num estado de total confusão. Ela quer saber se é possível retificar seu depoimento.

Fico sabendo de muitos detalhes do caso: quando começou, como começou, quem fez a denúncia e que o homem não apenas abusava das duas meninas mas também violentava e agredia regularmente a própria mulher.

Aproximadamente uma semana depois, minha sobrinha Maryan chega para morar comigo. No fim de semana, ela me pergunta se posso buscá-la num endereço de Utrecht. Quer visitar uma amiga que conheceu em seus primeiros dias na Holanda. Ambas estavam sob os cuidados da Opbouw, a fundação responsável pelos refugiados menores de idade, e se tornaram amigas: meninas que se divertiam juntas e gostavam de usar salto alto.

No endereço indicado em Utrecht, deparo-me com uma desordem inimaginável. A casa toda cheira à urina. Duas crianças — de não mais do que um e dois anos — perambulam usando fraldas que já deveriam ter sido trocadas havia muito tempo. Há fraldas sujas por toda parte. A amiga de minha sobrinha, cuja casa estamos visitando, chama-se Anab. Ela nos oferece chá e desaparece em direção à cozinha. Esperamos por um longo tempo.

Enquanto estou sentada com Maryan no sofá e Anab nos prepara o chá (suspeito que ela não conseguiu encontrar nada; o chá nunca foi servido), Maryan diz: "Está vendo aquelas fitas de vídeo? É tudo pornografia. Pesada. É o marido de Anab que aluga esses filmes. Obriga a mulher a assistir e a fazer todas as coisas estranhas mostradas nos filmes. Ele a força a fazer sexo anal. Ela tem de suportar coisas terríveis".

Reconheço a história: é a mesma Anab que conheci pelos arquivos policiais em Haia. Depois que o homem que a estuprou e traumatizou foi preso, sua família conseguiu encontrar um primo disposto a casar-se com a jovem, apesar de ela não ser mais virgem. O abuso sexual — que, segundo a irmã, "nunca aconteceu antes em nossa família"— fora varrido para baixo do tapete e o nome da família estava limpo.

Após algumas perguntas, descubro que Anab casou-se com o primo, assim que completou dezoito anos. A partir dessa idade, os jovens refugiados não estão mais sob a responsabilidade da Fundação Opbouw. Presume-se que o primo não foi capaz, por alguma razão, de encontrar uma esposa. A família lhe propôs: "Temos uma mulher para você, mas você tem de ficar de boca fechada sobre o que aconteceu com ela". Depois de anos de abuso pelo meio-irmão, Anab sofre agora os abusos do primo, com quem foi forçada a se casar.

Anab fugiu do marido mais de uma vez e, em várias ocasiões, foi retirada de casa pelo serviço social, mas sempre voltou. Com o auxílio de uma vizinha, mudou-se para um abrigo para mulheres agredidas, onde ficou até que o marido a trouxe novamente para casa. Sa-ied está preso por abusar sexualmente de Anab, mas seu marido, que não a trata melhor, continua solto.

A família dessas duas jovens pagou uma vultosa quantia a traficantes de pessoas para que elas pudessem estudar na Holanda. Isso foi feito em um espírito de esperançoso otimismo, mas — inadvertidamente — nada saiu como esperado.

A história de Anab mostra como uma jovem é sacrificada em nome do culto sagrado da virgindade, para que a honra da família seja preservada. E ela não é a única vítima desse mito; seus filhos e marido são igualmente afetados. O marido trata-a de modo insano e diz a si mesmo que está tudo bem, pois "tendo perdido a virgindade, ela se tornou uma prostituta". E seus dois filhos literalmente cresceram num depósito de lixo. O que será deles?

Shukri, a irmã mais nova de Anab, foi embora para sempre. Fugiu por não desejar mais nenhum contato com a família.

A DONA-DE-CASA VIRTUOSA

Ela já passou um pouco dos quarenta, tem dois filhos e está grávida do terceiro. O médico diz que quer discutir o resultado de um exame de sangue rotineiro. Há algo importante que ele precisa lhe contar: ela é HIV positivo.

A mulher está transtornada: "Não é verdade. Minha vida tem sido tão virtuosa e casta. Segui rigorosamente as regras do islã e de minha família. Quando era jovem, eu nem mesmo olhava para os garotos. Nunca estive sozinha com um deles. É impossível que eu tenha uma doença sexualmente transmissível".

O médico repete que, apesar disso, ela é HIV positivo, e pergunta:

"E quanto à atividade sexual do seu marido?"

Ela responde que o marido é muito bom para ela, cuida bem das crianças, age de maneira responsável e vem de uma boa família. A possibilidade de que ele tenha contraído o vírus está fora de cogitação. E, de qualquer modo, é uma doença que não ataca os muçulmanos. Um mal que só atinge os cristãos e, principalmente, os homossexuais. Nem ela nem o marido receberam transfusões de sangue, portanto esta também não pode ser a causa.

Quando o marido faz o mesmo exame, descobre-se que ele também está infectado. Chegou à Holanda antes da mulher, que se juntou a ele mais tarde, unindo novamente a família. É provável que, enquanto esteve sozinho, tenha tido uma vida sexual ativa e se deitado regularmente com prostitutas.

"DEPOIS DO ABORTO, PRECISO VOLTAR A SER VIRGEM"

Sou chamada por um médico. "Estou aqui com a pequena Amma, uma garota somali", ele diz, "que tem um assunto sério a tratar, mas se recusa a aceitar uma intérprete. Nós conseguimos que ela concordasse com uma tradução telefônica. Você pode ajudar?"

A jovem não quer uma intérprete porque está envergonhada demais para revelar seus problemas diante de outra mulher somali. Para ganhar sua confiança digo que, como intérprete, sou obrigada a guardar sigilo. Ela se recusa a dizer seu nome. Tem dezessete anos, mas é inteligente para a idade. Quando prometo não revelar sua história para ninguém, ela diz: "Melhor para você".

A menina diz ao médico: "Estou grávida e quero tirá-lo".

"Como você sabe que está grávida?", pergunta o médico.

"Comprei um teste de farmácia, e o resultado foi positivo", ela diz. "Não me surpreendi, porque minha menstruação estava atrasada."

O médico diz que, oficialmente, ela ainda é menor de idade e que não pode simplesmente indicar-lhe uma clínica de aborto. Sua tutora na fundação responsável pelos menores exilados terá de ser envolvida na decisão.

"Não", responde a menina. "Não quero que ela saiba."

O médico diz que, nesse caso, não há nada que ele possa fazer para ajudá-la.

"Certo", diz ela, "então vou para Roterdã. Lá há uma cabo-verdiana que pode me ajudar."

Temendo o que poderia acontecer com ela em Roterdã, o médico cede: "Tudo bem, vou ajudá-la. Mas insisto em ter uma intérprete presente. Porque é meu dever como médico explicar tudo para você".

Ela descreve como sua gravidez seria recebida pela comunidade somali: "Se eles descobrem, serei uma pária". No abrigo para refugiados, a jovem divide um quarto com duas outras mulheres somalis. Para que elas não percebam que está grávida, quer que o aborto seja feito o quanto antes.

* * *

Ela me aceita como intérprete, e vou visitá-la em companhia do médico para explicar que, na Holanda, é preciso seguir certos procedimentos antes de fazer um aborto. Pedimos que ela espere dois dias e pense bem em todas as questões que terá de responder ("Há quanto tempo você está grávida?", "Você quer que o pai participe?"). É necessário compreender tudo o que está envolvido, antes de tomar uma decisão definitiva. Ela deve estar absolutamente certa de que quer o procedimento. Mas a jovem parece decidida. Ela é encaminhada à clínica de aborto em Leiden, e eu a acompanho.

A sala de espera da clínica está cheia de mulheres imigrantes. As chamadas salas de recuperação também são ocupadas quase exclusivamente por estrangeiras, turcas e marroquinas em sua maior parte, além de algumas chinesas. A jovem, para quem estou servindo de intérprete, tem de responder mais uma vez às mesmas perguntas, e é aconselhada a pensar bem sobre sua decisão. Quando lhe perguntam se gostaria que o pai estivesse presente, ela responde: "Não, ele me prometeu que não iria me penetrar, mas era mentira. Não quero que ele participe".

Ela exige que a sutura não seja danificada. Deve permanecer intacta. O médico examina os pontos e diz que é preciso removê-los. "Nesse caso, quero que você os refaça depois do aborto", exige ela. E o procedimento é realizado.

Após o aborto, a jovem é informada de que os pontos só poderão ser refeitos após um período de recuperação. Isso provavelmente nunca aconteceu, pois médicos holandeses não refazem tais suturas. Mas é possível que ela tenha ido à Itália ou ao Reino Unido, onde se sabe que os médicos o fazem.

O sistema holandês de previdência social não está preparado para lidar com os problemas dos muçulmanos. Isso contribui inadvertidamente para perpetuar a situação e mantém todos encerrados na jaula das virgens. Os psicólogos holandeses estão, muito acertadamente, habituados a tratar seus pacientes como indivíduos. Em meus dias de intérprete, vi como adotam essa abordagem também com as mulheres muçulmanas: "O que você quer para você?". Essa era sempre uma questão importante. Muitas mulheres simplesmente não sabiam. Elas ficavam lá sentadas, quietas como um rato e davam de ombros. "O que meu marido quiser", diziam timidamente, ou "O que for da vontade de Alá". Algumas chegavam mesmo a dizer: "O que você achar que está certo". Nunca aprenderam a querer algo para si mesmas. "O que você quer para seus filhos? Que decisão gostaria de tomar para eles?" Isso elas também não haviam aprendido a responder. Os assistentes sociais não as compreendiam, sentiam-se perplexos e frustrados. Como último recurso, encaminhavam essas mulheres a outras agências, mas não é sempre que se pode fazer isso.

Há uma nova especialidade, no mundo das agências assistenciais, conhecida pelo nome de "Bem-Estar Intercultural" (ou por outro tão feio quanto). Oferece auxílio diferenciado a, por exemplo, muçulmanas vítimas de abuso. Um exemplo é o abrigo Saadet em Roterdã. Lá, as mulheres não aprendem a superar seus traumas e a ser mais independentes. Os cursos de assertividade só são dados às vítimas holandesas. A solução preferencial para as imigrantes é a "mediação" entre a vítima, sua família e o marido. Essa atitude, comum entre as agências de auxílio, baseia-se na orientação de inúmeras organizações estabelecidas para o benefício da população imigrante, algumas de origem étnica, outras religiosas. Os porta-vozes desses grupos, subsidiados pelo governo, costumam ser homens e, ocasionalmente, mulheres que, por alguma razão, desejam preservar o *status quo*.

11. Como lidar com a violência doméstica de modo mais efetivo

A cada ano, a violência doméstica mata, em média, oitenta mulheres, quarenta crianças e 25 homens. Mas o governo não tem uma resposta adequada ao problema. Se a violência doméstica tem lugar entre pessoas de uma "outra cultura", as autoridades demonstram extrema relutância em intervir e não tomam nenhuma atitude clara.

Nos últimos anos, produziram-se declarações de intenções em abundância. Além de pronunciamentos perfunctórios de censura e condenação à violência, foram feitas várias promessas ao Parlamento holandês. Relatórios são publicados a intervalos regulares, e a violência doméstica já foi tema de dezenas de simpósios e conferências. Os números acima foram extraídos de um relatório divulgado em março de 2002, pelo governo que se encerrava. No campo internacional, o governo holandês chegou mesmo a conseguir que a Assembléia Geral das Nações Unidas aprovasse uma resolução a respeito dos homicídios de honra. Essa resolução conclama os países-membros a "adotar medidas preventivas contra esse tipo de crime e combatê-lo por meio de medidas legislativas, educacionais e sociais, entre outras". Isso tudo é bem pouco convincente, quando se percebe que nenhum dos sucessivos gabinetes conseguiu passar das declarações de intenções às políticas efetivas. Desde a aceitação inicial da moção contra a violência doméstica, em 1981, não foi proposto nenhum plano de ação coerente, e a campanha contra o terror doméstico continua disforme, insubstancial e ineficaz.

Apesar de vários estudos, o Ministério Público não faz idéia, por exemplo, de com que freqüência ocorrem assassinatos por honra na Holanda, porque a polícia ainda os registra como homicídios comuns. Nosso conhecimento sobre a mutilação genital das mulheres e o casamento forçado também é bastante restrito. Um problema adicional, quando lidamos com a violência doméstica, é que diferentes culturas não necessariamente a vêem do mesmo modo. Como a população holandesa nativa em geral considera a violência doméstica imoral, o procedimento de algumas autoridades locais, que consiste em submeter os culpados a um programa de tratamento, obteve alguns bons resultados. Infelizmente, porém, o governo não foi capaz de transformar esses métodos locais (Utrecht é um bom exemplo) numa política nacional.

O assassinato de Zarife, uma menina turca que vivia na cidade holandesa de Almelo, pelo pai, ilustra uma categoria de violência doméstica tolerada por razões culturais ou religiosas. A conduta do autor do crime é moralmente aceitável em sua comunidade. E, o que é pior, o criminoso é freqüentemente pressionado pelos outros a agir com violência. Caso não cumpra sua obrigação, ficará malfalado na comunidade e será excluído por ela. Um agressor que age em defesa da honra, com o conhecimento e consentimento da família, conquista a estima do grupo. Para as mulheres e meninas nessa cultura, este é um poderoso fator dissuasivo, que frustra as políticas governamentais de emancipação.

Na raiz do problema está o conceito islâmico de sexo pré-marital. O que precisamos é uma campanha cultural coerente, que promova a discussão sobre a sexualidade. O sexo antes do casamento, desde que praticado por adultos, não é ilegal. E, embora seja possível discordar quanto à sua aceitabilidade moral, não se pode, em hipótese alguma, reagir com violência.

É ingênuo acreditar que organizações que representem os grupos atingidos devam liderar tal campanha. Assistentes sociais holandeses que seguem as orientações dessas organizações tendem a ocultar a verdadeira questão. Eles garantem aos pais das jovens vítimas de ameaças que suas filhas são virgens e castas, enquanto seus colegas nas clínicas médicas as ajudam a ter seus hímens restaurados.

Ninguém discorda que a violência doméstica seja um tema de alta complexidade, mas a abordagem do governo holandês para o problema é demasiadamente fragmentária. Estão envolvidos pelo menos seis departamentos, lidando com não menos do que 21 leis. No nível dos governos locais, há uma selva de instituições, cada uma responsável por um aspecto específico da violência doméstica. Assim, há uma organização diferente para cada uma das seguintes funções: identificar e registrar a violência doméstica, investigar o crime, dar apoio à vítima, localizar os agressores, processar e prevenir. Lidar com a violência doméstica e preveni-la não é visto como tarefa primordial por nenhuma dessas organizações. Nesse labirinto, a vítima facilmente sente-se perdida. Escapar do ambiente violento já lhe exige toda a sua força e coragem, pois o medo de sofrer novas agressões encobre o problema, transformando-o num vergonhoso segredo.

Em abril de 2003, o Parlamento aprovou uma moção exigindo que o governo apresentasse sua proposta para uma campanha contra a violência doméstica até setembro daquele ano. Como costuma acontecer, a apresentação do plano já foi adiada por duas vezes.

Para combater a violência doméstica, é preciso implementar uma série de medidas.

• Deve haver um serviço centralizado de atendimento às vítimas que coordene todas as organizações envolvidas. Essa instituição deve ser responsável pela prevenção, identificação e notificação da violência doméstica, encaminhamento dos envolvidos, coleta de informações, aconselhamento, localização dos agressores, preparação para o processo e acompanhamento posterior dos acusados. Utrecht é um dos lugares onde houve boas experiências com um serviço coordenado desse gênero, embora os vários elos da cadeia de medidas preventivas continuem dispersos entre diferentes instituições.

• O orçamento e a coordenação gerais devem estar nas mãos de um único ministério ou secretaria.

• A segurança das vítimas deve ser garantida, tirando-se de casa o agressor, não o agredido, e obrigando legalmente aquele a se submeter a um tratamento.

A ênfase deve ser deslocada dos cuidados posteriores à prevenção. Seguindo o exemplo dos Estados Unidos, a Holanda deve criar tribunais de família, especializados em julgar criminalmente os responsáveis pela violência doméstica. As vantagens dessa abordagem decorrem do fato de que a colaboração entre a polícia, o Ministério Público e o Serviço Social pode ser dinamizada, tornando-se mais pragmática, mais eficiente e melhorando seu custo-benefício. Além disso, seria possível avaliar os resultados da política governamental. Finalmente, uma abordagem mais eficaz da violência doméstica exerceria uma influência positiva no que diz respeito aos problemas da opressão da mulher e aos dos menores delinqüentes. Quantas mulheres precisam ter o mesmo destino de Zerife, para que o governo comece a combater a violência doméstica com maior eficiência?

PÓS-ESCRITO: O ESTADO DE COISAS EM JULHO DE 2004

Desde a primeira redação deste capítulo, a maioria dos membros eleitos do Parlamento votou favoravelmente à notificação dos homicídios de honra e de violência doméstica com base na origem étnica. Isso deve nos dar, finalmente, uma melhor compreensão do problema. Recentemente, um relatório encomendado pelo Ministério da Justiça revelou que uma em cada quatro mulheres viverá algum tipo de violência doméstica. Suspeito que os números verdadeiros sejam maiores, pois a punição física é vista como justificável e educativa pela maioria das famílias oriundas de países muçulmanos.

O ministro da Justiça, Piet Hein Donner, disse, sob pressão do Parlamento, que estudará a nomeação de um comitê para levar a julgamento os cúmplices, membros da família estendida, que tenham ajudado a executar ou planejar um homicídio de honra.

O ministro das Questões Sociais, Aart-Jan de Geus, e a ministra da Integração e Imigração, Rita Verdonk, concordaram que, ao fim deste governo, haverá uma estrutura que englobe todo o país (isto é, um Serviço Nacional de Assistência centralizado), permitindo ao governo reprimir a violência doméstica com maior eficiência. Os ministros prometeram que a violência contra a mulher, culturalmente legitimada entre alguns imigrantes, seria combatida com firmeza.

Além disso, o atual governo prometeu medidas imediatas e efetivas contra o tráfico de seres humanos. Esse gênero de comércio é uma monstruosa e bem encoberta forma de violência contra a mulher. Meninas (a partir dos oito anos nos países asiáticos) e mulheres são seqüestradas ou atraídas para longe de seus locais de nascimento, em regiões pobres. Elas vêm da Albânia, da antiga Iugoslávia, do Azerbaijão, do Afeganistão, do Tadjiquistão, da Tchetchênia, de Serra Leoa, do Sudão, do Congo, da América Latina, da China, do Vietnã, das Filipinas e de outros países para serem vendidas como escravas sexuais e exploradas no Ocidente rico. Refugiadas que não obtêm um visto permanente são aliciadas por cafetões, que lhes prometem "trabalho" e as enviam para as zonas de prostituição de cidades européias, onde são obrigadas a se prostituir. O dinheiro ganho por essas mulheres vai para as assim chamadas redes do crime organizado. Um efeito indesejado da política européia de asilo, aliada ao constante fluxo migratório proveniente de países não ocidentais, é que um número incalculável de jovens é vítima da indústria do sexo. Dado o caráter internacional do tráfico de mulheres, faz-se necessário um plano de ação conjunto dos países europeus. A harmonização das políticas européias de asilo serviria ao menos para nos proporcionar uma noção mais clara das dimensões do comércio de mulheres. É justamente nessa área que uma abordagem conjunta européia se faz necessária.

12. A mutilação genital não pode ser tolerada

A mutilação genital das meninas é algumas vezes chamada de "circuncisão". Com isso, afirma-se implicitamente a semelhança desta com a circuncisão masculina. Se circuncidar um menino significasse remover a glande e os testículos e costurar o que sobrou do pênis à bolsa escrotal vazia, a comparação seria válida. Ela não é válida. "Circuncisão" é um termo que dá a entender que a prática é aceitável. Ela não é aceitável. E também não é culturalmente "desculpável".

A mutilação genital de meninas é a mais subestimada das violações dos direitos humanos e das mulheres em todo o mundo. Em 2002, segundo relatórios da Anistia Internacional, entre 1 e 1,4 milhão de meninas foram privadas de seus genitais. A propagação do HIV e da AIDS desperta mais a atenção da comunidade internacional do que a prática atroz da mutilação genital. Contudo, as complicações de saúde sofridas pelas mulheres circuncidadas são chocantes, perniciosas e amplamente disseminadas. Por exemplo, trabalhando em Gana, o urologista holandês Hans de Wall foi consultado por uma mulher de 26 anos, extremamente perturbada que, aos dez, fora circuncidada com um caco de vidro. Desde o parto de um natimorto, a mulher sofria uma perda constante de urina e fezes, provocada por fístulas. O desenvolvimento dessas fístulas é comum em mulheres que têm dificuldades para dar à luz em razão da mutilação genital, uma vez que esta provoca o estreitamento do canal vaginal. A mutilação também oferece riscos à criança em sua passagem pelo canal. Muitas mães primíparas têm problemas para dar seguimento ao trabalho de parto, e os bebês ficam entalados no canal artificialmente estreitado. Em conseqüência, algumas crianças morrem, outras padecem de seqüelas e deficiências.

A pressão do bebê entalado sobre os tecidos internos da mãe corta o suprimento de sangue, danificando tecidos e nervos — inclusive os das pernas, o que causa paralisia — e pode, também, romper a uretra e os intestinos, formando fístulas. As mulheres sofrem a dor da perda dos bebês — por causa da cruel mutilação de seus próprios corpos, sobre a qual não tiveram controle — e também o trauma dos danos internos, que as deixam totalmente incontinentes.

Segundo a Organização Mundial da Saúde, são milhões as mulheres que apresentam fístulas obstétricas. E são poucos os médicos capazes de atendê-las. Freqüentemente rejeitadas pela família, abandonadas, empobrecidas e envergonhadas por sua condição, esperam anos por uma operação que corrija as fístulas — e, ainda assim, *quando* têm acesso a um centro médico que realize o procedimento. Muitas sofrem envergonhadas e em silêncio. Seu isolamento e rejeição não representam nem mesmo um ponto distante no campo de visão de seus governos.

Segundo uma reportagem do *New York Times*, mais de um terço das pacientes de um médico na Nigéria tem até quinze anos e o número de pacientes entre quinze e vinte anos quase completa outro terço; a maioria se casou antes de menstruar, aos onze ou doze anos. Mesmo os médicos que se dedicam exclusivamente à cirurgia corretiva dessas fístulas não dão conta da demanda por seus serviços. E, depois da correção, novas fístulas podem se abrir durante o parto de um segundo bebê. A mutilação genital em meninas leva, inevitavelmente, a mutilações posteriores, quando as mulheres se tornam adultas.

Como outras formas brutais de violência contra as mulheres, a mutilação genital tende a permanecer na esfera da condenação pública, das resoluções das Nações Unidas e de outras providências que nunca saem do papel. Ações concretas para abolir essas práticas ainda parecem uma realidade muito distante. As pessoas se aferram à idéia de que, com o tempo, o problema desaparecerá sozinho, pelo desenvolvimento econômico e a disponibilidade crescente de informações e orientação. A outros problemas, como a pobreza, a guerra, os desastres naturais e a AIDS, concede-se uma prioridade maior nesses países, por exercerem um impacto mais visível e imediato sobre a população como um todo.

Nos países ricos, onde tais calamidades não reclamam toda a atenção, a mutilação genital é associada aos imigrantes. O problema causou comoção quando foi trazido pela primeira vez ao conhecimento do público. Na Holanda, por exemplo, a prática foi imediatamente condenada e criminalizada. Isso, porém, não impediu que os pais originários da África e de partes da Ásia continuassem mutilando suas filhas na Holanda e em outros países europeus. Além do mais, o governo tem pleno conhecimento de que esses pais levam as filhas de volta para os países de origem a fim de realizar lá o ritual de mutilação. Não há desculpa para tolerar essa prática.

Um relatório médico dirigido ao governo recomendava que o combate à circuncisão feminina fosse feito, em primeira instância, por meio de medidas de prevenção e campanhas informativas, adotando sansões legais apenas em segunda instância. Contudo, é de fundamental importância garantir o cumprimento da lei, em virtude da gravidade da ofensa e de suas sérias implicações para as vítimas. Por isso, meu partido e eu defendemos a adoção de um programa de triagem que possa prevenir a circuncisão feminina. As meninas de "países de alto risco" seriam examinadas anualmente, para saber se foram circuncidadas.

No atual debate holandês sobre como erradicar a mutilação genital, há quem defenda a criação de um novo artigo no código penal. Tal mudança poderia dar margem à interpretação de que a mutilação não é formalmente contrária à legislação em vigor, o que enviaria uma mensagem errada àqueles que a infligem às meninas. Outros pedem que o assunto seja "abertamente discutido" pela comunidade de imigrantes, enquanto um terceiro grupo acredita que, se forem educadas sobre as conseqüências do procedimento, as pessoas não mais o praticarão.

Na minha visão, a luta contra a mutilação genital, na Holanda e em outros países como o Canadá e os Estados Unidos, é essencialmente uma questão de cumprir a lei. Afinal, a mutilação genital se enquadra na categoria de "lesão corporal grave e deliberada", bem como na de "prática ilegal da medicina". Pela nossa lei, um médico que tenha circuncidado uma mulher, ou prestado assistência a esse procedimento, pode ser levado ao tribunal médico disciplinar. Adicionalmente, a mutilação genital pode ser definida como uma forma de abuso de crianças.

É digno de nota não ter sido feita ainda nenhuma prisão, apesar de haver boas razões para crer que meninas que vivem na Holanda são submetidas à mutilação ritual durante as férias de verão, seja no país, seja no exterior. Não parece aceitável que, nessas circunstâncias, não seja feito um monitoramento desse grave crime. A atitude do governo holandês em relação à mutilação genital parece ser de tolerância passiva; o procedimento é proibido por lei, mas, na prática, as autoridades fazem vista grossa. Seguir todas as recomendações do relatório médico governamental, a gestão e coordenação de todas as instituições envolvidas no combate à mutilação e a promoção da discussão interna nas comunidades que a praticam não garante necessariamente que os pais das meninas em situação de risco obedeçam à lei.

O governo deveria se empenhar na introdução de um programa de triagem, já que considera a segurança e a observância da lei como duas de suas maiores prioridades. No orçamento de 2004 do Departamento de Justiça, lê-se: "Um importante fator que contribui para a segurança pública é que os cidadãos cumpram a lei, como a maioria tenderá a fazer". E mais adiante: "percebeu-se que a observância da lei é insatisfatória. Isso deverá ser melhorado nos próximos anos". Em sua proposta de um programa de segurança em defesa das meninas sob risco de mutilação, o gabinete declara sua intenção de levar a julgamento as ofensas mais graves e "dar prioridade às vítimas dos crimes de maior impacto".

A mutilação genital se enquadra na categoria de crimes extremamente graves e tem um impacto negativo substancial — a ponto de ser incapacitante — na saúde da vítima. Suas conseqüências incluem: "choque, sangramento, formação de abscessos; e, num estágio posterior, complicações afetando o trato urinário, bem como o parto; efeitos psiquiátricos, psicossomáticos e psicossociais para as vítimas [...] Após o procedimento, as meninas podem se tornar introvertidas, reticentes, retraídas e apresentar sinais de distúrbios de comportamento, tais como transtornos alimentares e fobias". A mutilação genital pode também "causar transtorno de estresse pós-traumático. Pois a menina experimenta uma sensação de impotência, falta de controle, de consentimento e de informações e sofre dores intensas".

Há brechas na legislação para a introdução de um programa de triagem?

O artigo 2º da Constituição holandesa assegura a inviolabilidade do corpo humano. Esse artigo é o irmão menor do artigo 10º da Constituição, que garante o direito do indivíduo à privacidade. Ambos são relevantes para nossa proposta; em termos dos tratados do direito internacional, eles representam a contraparte do artigo 8º da Convenção Européia dos Direitos Humanos, e do artigo 17º do Pacto Internacional dos Direitos Civis e Políticos das Nações Unidas (firmado em 1996).

Ainda assim, os reacionários muçulmanos e todos os outros políticos e partidos politicamente corretos, que querem preservar a mutilação genital, se manifestam *contra* um programa de triagem. Sua alegação sofística é de que um exame compulsório das jovens em situação de risco seria uma intervenção médica que contrariaria o direito à inviolabilidade do corpo do indivíduo (a menina) e à privacidade da jovem e dos pais.

A Convenção Européia dos Direitos Humanos explica detalhadamente como e sob que circunstâncias o governo está legalmente desobrigado de cumprir a Constituição. É essencial que haja motivos graves o bastante para uma tal transgressão, do contrário, a Constituição não teria razão de ser. A Convenção cita uma série de razões que dão ao governo o direito de desobedecer à Constituição. Estas são (numa tradução livre): segurança de fronteiras, segurança pública, bem-estar econômico nacional, prevenção da desordem nacional e de ofensas penais, proteção da saúde e dos princípios morais e defesa dos direitos individuais.

Em outras palavras, o descumprimento da Constituição se justifica quando serve à prevenção de um crime (lesão corporal grave e deliberada). Essa justificativa excepcional parece ser o argumento óbvio sobre o qual podemos fundamentar nossa causa. A Convenção oferece a possibilidade de imposição legal de assistência médica, desde que se prove a vital importância disso para a prevenção do crime.

A proporcionalidade é um aspecto desse "demonstrar a vital importância". A violação dos direitos individuais é suplantada pela importância da prevenção do crime? Em outras palavras: o fim justifica os meios?

O debate legal sobre o melhor meio de combate à mutilação genital gira em torno dessa questão. Acredito que sem uma triagem compulsória não há maneira eficaz de prevenir essa prática. Portanto, o programa é um passo necessário. Além do quê, a Constituição determina que o governo tome medidas preventivas de proteção à integridade do corpo humano. Portanto, ele é obrigado a agir.

Meu partido e eu estamos instruindo o governo a adotar medidas que evitem a mutilação genital. Quanto à questão da proporcionalidade, um exame anual, realizado por uma enfermeira a serviço da autoridade de saúde local, é, de longe, preferível a permitir que as meninas corram o risco de ser gravemente mutiladas. Esse argumento tem um peso muito maior do que as principais objeções ao exame médico.

Outra objeção legal sofística à introdução de um programa de triagem é que isso contradiz nossa Constituição, ao destacar um grupo específico para ser examinado e não toda a população holandesa. Esses obstrucionistas argumentam que impor um exame médico compulsório a um grupo de pessoas de países de alto risco constitui uma forma de discriminação.

Outros opositores da medida argumentam que a imposição de uma triagem anual estigmatiza os pais e se torna um grande peso também para a criança. Essas pessoas não percebem que a introdução dos exames compulsórios é proporcional ao crime. Outros antagonistas sustentam ilogicamente que não haveria razão para supor que alguém de um país com alta incidência de mutilação genital se envolverá automaticamente com esta prática na Holanda — apesar das amplas evidências em contrário.

Penso que as conseqüências da mutilação genital são tão contrárias ao bem-estar da criança, que o governo deveria dar prioridade a seu dever de protegê-las. Acreditamos também que, à luz do que pode acontecer e já aconteceu, mesmo que o risco de mutilação não seja grande, ainda são necessárias medidas preventivas. Crianças do sexo feminino cujos pais venham de países de alto risco correm, de fato, o perigo bem real de ser mutiladas, pois muitos pais ainda atribuem enorme importância à tradição.

O relatório médico governamental reuniu evidências de que as meninas são submetidas à mutilação durante as férias escolares. Devido aos efeitos ocultos do ritual — os genitais são, por definição, partes cobertas do corpo —, a sociedade pode condenar a prática e, ao mesmo tempo, negar que esta seja um problema. Se as crianças tivessem seu nariz, ou parte da orelha, cortados, o governo não poderia prosseguir com sua política de tolerância passiva.

A mutilação genital não pode ser legalmente praticada; na Holanda, os pais sabem que a prática é contra a lei e é por isso que a realizam durante as férias escolares e, às vezes, em seus países de origem. Assim, sabem que a menina poderá se recuperar dos ferimentos sem precisar explicar nada ao mundo exterior. Não se pode esperar que grupos fechados, que têm uma crença supersticiosa nos benefícios da mutilação para a criança, se abram sobre esses assuntos. Devido a essa convicção, os pais interpretam a mutilação de suas próprias filhas não como uma atividade criminosa, mas como um ato de amor, um dever paternal para com a criança e o círculo imediato.

O governo precisa ponderar a importância do direito à privacidade dos pais em contraposição ao direito da criança à saúde. Os serviços envolvidos na triagem, como as autoridades de saúde locais, tratariam todas as informações referentes às crianças e seus pais com discrição e lhes ofereceriam proteção.

Apenas declarar que a prática da mutilação genital é vil e degradante não resolve o problema. Isso até agora, por certo, não aconteceu. Os efeitos preventivos da educação são muito limitados e praticamente impossíveis de se avaliar, devido ao caráter oculto e à natureza histórica da prática. A pressão das famílias sobre os imigrantes, exercida desde os países de origem (os laços familiares não são cortados pelas fronteiras geográficas), é tão forte, que dar informações e educação não é o bastante para superá-la. A tese de que a tradição acabará desaparecendo, ou de que a prática se extinguirá na Holanda por ser ilegal, não é realista.

A proposta de um programa de triagem pode não ser perfeita, mas oferece os melhores resultados se o governo fizer cumprir a lei, abolindo essas práticas abomináveis. Sua vantagem é a clareza para os pais: eles sabem exatamente o que esperar. E gera dois efeitos colaterais positivos: primeiro, estimula o fornecimento dirigido e eficiente de informações e educação que, de outro modo, seriam ineficazes e demasiadamente difusas. Segundo, pode fazer da Holanda um exemplo para a Europa e o resto do mundo, contribuindo para a erradicação da mutilação genital também em outros continentes.

PROPOSTA PARA UM PROGRAMA DE TRIAGEM

Para um programa de triagem preventiva da circuncisão feminina, o governo deve adotar as seguintes medidas:

• com o auxílio da Anistia Internacional e das Nações Unidas, elaborar uma lista de países de alto risco;

• estabelecer um programa de exames médicos compulsórios para as crianças desses países;

• criar duas listas: a lista A conterá os nomes das meninas que já foram submetidas à mutilação, ao passo que da lista B constarão os nomes daquelas que ainda não a sofreram. As recém-nascidas serão imediatamente incluídas na lista B;

• as meninas da lista A receberão apoio médico e psicológico;

• os pais das meninas da lista B serão chamados todos os anos para um exame compulsório de suas filhas, até que estas completem dezoito anos;

• imigrantes recém-chegados de países de alto risco serão chamados automaticamente;

• a triagem pode ser feita pelo serviço de saúde local. No caso de se descobrir que uma menina da lista B foi mutilada, o fato deverá ser comunicado ao Conselho do Bem-Estar da Criança, que tomará medidas contra os pais.

PÓS-ESCRITO

Depois de muita discussão sobre os prós e os contras da triagem, eu obtive maioria no Parlamento holandês, graças ao apoio do Partido Trabalhista, um partido social democrata favorável aos exames de triagem periódicos. Embora os parlamentares trabalhistas tenham sido unânimes em seu apoio, isso não teria sido possível sem a ajuda de Ella Kalsbeek, uma parlamentar do Partido Trabalhista, o partido que deixei, que desempenhou um papel de destaque. Desde o início do debate, o ministro da Saúde, Hans Hoogervorst, expressou seu absoluto horror pela mutilação genital, considerando-a uma forma de abuso à criança, e mostrou-se favorável à introdução de um programa de triagem o mais cedo possível. Em abril de 2004, anunciou o estabelecimento de um comitê especial em conjunto com o Conselho de Saúde Pública, para investigar a possibilidade de um programa de triagem efetivo e para estudar como a lei poderia ser usada de maneira mais eficaz na identificação de ocorrências. A legislação holandesa poderia permitir que fossem processados não apenas os cidadãos do país, mas também os estrangeiros com residência fixa que tenham colaborado ou incentivado a mutilação genital em países como a Somália, onde esta é permitida, ou em países onde a prática é proibida.

Para minha decepção, o comitê acabou recomendando que a triagem não fosse feita. O ministro da Saúde disse que não a queria tornar compulsória, mas ofereceria às comunidades de alto risco a possibilidade de examinar suas crianças. Antes de oferecer essa oportunidade a uma família, porém, o governo precisa mostrar que é provável que esta pratique a mutilação genital feminina. As autoridades averiguarão se a família é originária de um país de alto risco e se a mãe da menina é circuncidada (o que só pode ser descoberto no caso de o parto ter ocorrido na Holanda, a situação da mulher sendo, portanto, conhecida de um médico holandês ou agente de saúde).

Não obtive maioria para minha proposta de triagem. Apenas meu partido permanece ao meu lado. O programa elaborado pelo governo em substituição ao nosso é um sistema muito caro e ineficaz. Tragicamente, muitas meninas muçulmanas imigrantes escaparão por suas brechas.

13. Dez dicas para muçulmanas que querem fugir

Desde o início dos anos 90, tem havido um aumento, gradual mas perceptível, no número de jovens muçulmanas em abrigos de mulheres e centros de refugiadas especiais para mulheres agredidas. Os abrigos já existem há décadas. Algumas delas completaram com sucesso o ensino médio e gostariam de dar prosseguimento à sua educação numa universidade, mas foram proibidas de deixar a casa paterna. Os pais não as prepararam para uma vida independente, e toda a família fica chocada quando a filha anuncia que tem suas próprias ambições. Isso lhes parece uma aberração alarmante.

Uma muçulmana casada que queira deixar o marido e levar uma vida independente também é vista como uma aberração. Seu grave erro é censurado, não só por seu marido e pela família deste, mas também por seus próprios parentes. Caso as famílias consigam persuadir a mulher a mudar de idéia e ficar com o cônjuge, a tensão conjugal pode, em alguns casos, ser resolvida de maneira pacífica. Mas não é incomum que a família reaja violentamente ao que é percebido como uma traição ao marido. O grau e a gravidade da violência variam conforme o caso.

Ocasionalmente, jovens muçulmanas fogem de casa em pânico. Isso pode ter conseqüências infelizes. Muitas vezes, essas meninas terminam num abrigo e permanecem dependentes do auxílio do Estado por um longo tempo. Em alguns casos, um assistente social pode atuar como mediador entre a "fujona" — um termo peculiar para uma mulher adulta que quer ser independente e ter sua própria casa — e a família, o que muitas vezes resulta em seu retorno aos abusos, sejam estes quais forem, que a fizeram fugir apavorada. Sua família a tratará como uma eterna menor, mesmo que ela já tenha passado dos quarenta. Para eles ela será sempre uma mulher "fujona".

Algumas das jovens muçulmanas que fugiram de casa saem dos eixos. Tendo sido criadas num ambiente de extrema rigidez, celebram a liberdade saindo todas as noites e se tornam dependentes das drogas e da vida noturna. Essas garotas são visadas por cafetões, que as seduzem e as aprisionam nessa vida. Suas vidas têm, muitas vezes, um fim trágico: sentindo-se aprisionadas, desesperam-se e cometem suicídio. Algumas são "pegas" no momento em que decidem sair de casa, ou pouco depois, e o pesadelo dos maus-tratos começa de novo. Outras são atraídas ao lugar de nascimento de seus pais com um convite para passar lá as férias; ao chegar, tomam-lhes o passaporte e ficam impedidas de escapar. Nos piores casos, podem ser mortas, como aconteceu à jovem turca Zarife, da cidade holandesa de Almelo.

As muitas histórias tristes de mulheres fugitivas me inspiraram a escrever esta carta aberta, contendo dez dicas para as muçulmanas que desejam fugir.

Cara muçulmana,

As dicas que se seguem não se destinam a todas as mulheres muçulmanas. Elas se dirigem a você — você que gostaria de ter uma vida independente e está sendo impedida por sua família, marido ou comunidade. Você quer deixar sua família ou seu marido e tomar as rédeas da própria vida. Quer ganhar seu dinheiro e se sustentar sozinha. Deseja escolher seu parceiro (de vida) por si mesma. Está convencida de que cabe a você — e não a seus pais, comunidade ou seja quem for — decidir se, quando e com quem se casará. Se terá filhos, e quantos, é assunto seu. Com que idade vai tê-los e como vai criá-los é algo que você mesma quer determinar. Quer escolher os próprios amigos, sem se restringir à comunidade a que pertence em virtude do nascimento. Está aberta para estabelecer contatos fora desse pequeno círculo. Quer viajar e conhecer o mundo. Não gostaria de passar o resto da vida gerando filhos para um marido que você nem mesmo ama; arrumando a casa, fazendo compras e cozinhando três vezes ao dia; servindo chá e preparando biscoitos todo fim de semana para pessoas que não se interessam por você; lavando, passando, conversando sobre a estampa das cortinas e fazendo a bainha dos lençóis. Não quer mais passar seu tempo livre com mulheres que não fazem outra coisa senão fofocar. Está farta de suas primas e irmãs que se recusam a empregar o intelecto em qualquer coisa exceto a criação de mais uma receita de biscoitos perfeitos. Já foi a casamentos demais nos quais as garotas se gabam, não de seus feitos artísticos e culturais, mas das tatuagens de hena que aplicaram às palmas das noivas, que desaparecerão em seus matrimônios arranjados. Você conhece a armadilha que espera os noivos depois dos três dias de festa.

Você sabe que merece mais do que isso! Pensa na sua liberdade e sonha com ela. Gostaria de ir lá fora, sentir o sol na pele e o vento nos cabelos. Não tolera mais a opressão na casa dos pais ou do marido e chegou à conclusão de que quer partir. As dicas abaixo podem ser úteis, caso ainda não tenham lhe ocorrido.

A PREPARAÇÃO

1. A liberdade é uma escolha

Faça a si mesma estas perguntas: quer mesmo ir embora? Por que deseja partir? Não há outras opções? Veja se a mediação é possível. É bom que a decisão de sair da casa dos pais ou do marido se baseie em mais do que uma mera insatisfação com a situação atual. Pois as conseqüências de sua partida serão sérias, embora talvez possam se tornar ainda mais sérias se você ficar. Portanto, você deve dar a si mesma algum tempo para responder a essas perguntas com sinceridade. Não há dúvida de que você ama sua família. Deve, porém, estar pronta a aceitar que seus atos farão seus pais sofrerem. Você será acusada de desonrá-los e de perturbar toda a família. Seus parentes farão todo o possível para tê-la de volta; tentarão convencê-la a mudar de idéia, ameaçá-la com o ostracismo; dirão que você está amaldiçoada e, possivelmente, usarão a força. Não subestime o poder desse gênero de chantagem emocional e moral. Terá de suportar comentários do tipo: "Desde que você nos deixou, mamãe ficou tão doente que não consegue mais dormir". Ou: "Seu pai está tão deprimido e envergonhado, que mal consegue ir ao trabalho ou falar com o resto da família". Ou: "Você está tirando de sua irmã a chance de encontrar um noivo de boa família". Ou ainda: "Seu irmãozinho apanhou ontem, por tentar defender seu caráter". Prepare-se.

Examine suas opções. Avalie bem sua situação em casa. Faça uma lista de todos os riscos. Você corre maior perigo se vem de uma família numerosa, com um número relativamente grande de homens muito ciosos de sua honra e aferrados a princípios religiosos rígidos. Se seu pai é um homem importante na família, o risco é ainda maior. Se, por outro lado, sua família tem um forte senso de honra mas relativamente poucos homens, você está em melhor situação. Mas tenha o cuidado de não subestimar a influência do falatório das mulheres sobre ambos os sexos; elas passarão tudo adiante e farão com que os homens se voltem contra você.

Se você souber como os rumores circulam — quem conta o que a quem, o que é malvisto etc. —, poderá se proteger, evitando tornar-se tema de comentários. Isso é importante para que tudo dê certo.

Encare suas próprias fraquezas: você tem boa saúde? Como é seu temperamento: você perde a cabeça com facilidade ou sabe se controlar? E como se adapta a novas situações? Tendo um bom autocontrole, você estará mais preparada para partir (e perseverar). Lembre-se, autocontrole e auto-suficiência podem ser aprendidos.

Pense em como manter seus planos em segredo pelo maior tempo possível: de quanto tempo você pode dispor por dia? Sua família notará se você se ausentar por algumas horas? Você é boa em inventar desculpas convincentes e dizer a seus pais o que eles querem ouvir? Estaria disposta a usar um véu para "preservar a paz" até sua saída?

Compreenda que, tendo saído, não poderá mais voltar (pelo menos por algum tempo). E nem deve voltar, não importa o que digam ou prometam. Você correrá maior perigo *depois* de seu retorno — possivelmente perigo de morte. Portanto, a pergunta mais importante que você deve se fazer é: quero mesmo ir embora?

2. Fé

Você decidiu viver sozinha. Precisará ter fé. Fé em si mesma, para começar. Você terá momentos de dúvida, medo e até mesmo de arrependimento. Isso é normal. Afinal, está prestes a deixar para trás tudo que lhe é familiar (não importa o quão terrível sua casa possa ser às vezes). É possível que você nunca mais veja sua família. Prepare-se para ser acossada por dúvidas, mas lembre-se também que está fazendo isso para seu próprio bem. O modo como quer conduzir sua vida é incompatível com a maneira como sua família quer que você viva. Tenha fé em si mesma.

É preciso também ter fé nos outros. Saiba em quem pode confiar. Escolha alguém de fora da comunidade, uma pessoa madura que se conduza bem na vida. Essa pessoa deve ser alguém que ajude você a conquistar sua independência, que diga se você está no caminho certo; alguém que lhe dê apoio sincero sem exigir nada em troca; alguém que não se importe quando você comete um erro. O mundo lá fora não é só maldade. Não desconfie de todos, mas seja crítica e cautelosa.

3. Amigos

É vital que você faça amizades antes de abandonar a família. Você não sobreviverá sem amigos. Estabeleça novos laços de amizade bem antes de sua partida — laços fortes com pessoas em quem possa confiar. Você está começando uma outra vida, e conhecer gente nova é uma parte importante dessa experiência. Haverá, é claro, parentes ou outros companheiros muçulmanos que, entendendo sua situação, fingirão apoiá-la, mas é improvável que tentem ajudá-la de verdade. Essas pessoas fazem parte da comunidade e contam tudo umas às outras. Mesmo que um deles demonstre compreensão e apoio, é possível que deixe escapar algo num momento de distração. E não seria justo submeter alguém ao peso de um conflito de lealdades. Antes que você se dê conta, seus planos de fuga não serão segredo para mais ninguém. Portanto, seja vigilante. Não quero dizer que você não possa ter nenhum amigo muçulmano, mas não confie seus planos a ele. Você simplesmente não pode correr esse risco. As conseqüências podem ser graves.

Amizade significa reciprocidade. Invista em seus amigos. Faça-os saber que podem confiar em você, que podem contar com você em caso de necessidade. É bem possível que seus novos amigos tenham uma opinião diferente da sua família e da sua comunidade sobre as mulheres e, num primeiro momento, podem não entendê-la. Explique a eles a importância da culpa e da vergonha para sua família e comunidade. Aprenda a ser honesta: você pode admitir seus erros; não é preciso mentir sobre amigos, namoros etc.

4. Endereço

Quando sair de casa, precisará ter onde morar. Como estudante ou dona-de-casa, você não dispõe de muitos recursos. Talvez nunca tenha tido nenhum tipo de renda própria. Além disso, será preciso evitar qualquer área onde possam reconhecê-la e passar informações a seus pais ou a outros parentes. A falta de dinheiro e as precauções necessárias limitam sua escolha de um lugar para morar. Não hesite em pedir ajuda aos amigos e às pessoas de confiança.

Cidades universitárias são uma opção atraente, porque lá é possível encontrar moradia segura e barata. Nelas, as moradias estudantis costumam ser aceitáveis e comuns, e os aluguéis, relativamente baixos. A única desvantagem é a exigência de uma matrícula de estudante, antes da mudança para um alojamento. Em alguns deles, os candidatos a um quarto vago precisam fazer uma "visita preliminar" para obter a aprovação dos outros ocupantes. Obviamente, é possível que você tenha o azar de não ser aprovada.

Se você não é estudante, ou escolheu uma cidade universitária onde as acomodações estudantis são escassas, existem outras possibilidades. Há casais, ou pessoas que vivem sozinhas, interessados em alugar um quarto barato para solteiros com pouco dinheiro, de preferência mulheres. Muitas vezes, estão procurando um inquilino temporário, porque seus próprios filhos saíram de casa, ou porque perderam um companheiro. Nesses casos, é necessário obedecer às regras do senhorio, mas é possível discutir previamente o grau de privacidade de que você vai precisar, definindo limites claros. Em algumas cidades, como Amsterdã, existem moradias baratas em áreas seguras. São casas ou apartamentos destinados a grupos específicos de baixa renda, como artistas e músicos, que pagam aluguéis subsidiados.

Tendo encontrado um quarto ou apartamento, ocupe-o logo. Planeje com antecedência sua agenda para deixar a família e encontrar seu novo lar. Não deixe seu quarto vazio por meses a fio. Isso seria um desperdício de dinheiro.

Após sua partida, tenha o cuidado de não dar seu endereço ou número de telefone para quem você não conheça direito. Hoje em dia, o e-mail é uma boa maneira de manter contato sem revelar seu paradeiro.

5. Segurança

Se você foi ameaçada pela sua família — antes ou depois de deixá-la —, precisa ser cuidadosa na escolha de uma cidade para viver. Se possível, escolha um lugar onde você não chame muita atenção. Se for freqüentar uma universidade, terá de morar numa cidade; se quiser encontrar um emprego, dará preferência a um lugar menor, bem longe de seus pais, onde estará mais protegida e terá melhores oportunidades. A maioria das cidades conta com abrigos para mulheres e serviços de saúde mental, que podem lhe oferecer ajuda.

Ao registrar-se em seu novo local de residência, peça para falar com um funcionário público especializado, que esteja familiarizado com a situação de jovens como você, que conheça ou tenha ajudado outras garotas que desejavam conquistar sua independência e estavam apavoradas com a perseguição dos irmãos, do marido, ou do pai. É vital que seu endereço não seja revelado. Vá a polícia e comunique sua situação. Na Holanda, é possível apresentar às autoridades locais o documento fornecido pela polícia, em vez de fornecer seus dados pessoais. Descubra como obter auxílio legal em caso de necessidade.

Certifique-se de que seus companheiros de apartamento, seus colegas e amigos estejam cientes dos perigos potenciais a que você está sujeita. Você é uma fugitiva e eles devem estar alertas. É importante que ninguém informe seu endereço.

6. Renda

Procure providenciar uma fonte de renda antes de sua saída. Se pretender cursar uma universidade, candidate-se a uma bolsa de estudos no devido prazo. Forneça um endereço temporário — de uma amiga, por exemplo — se ainda não houver encontrado um lugar para ficar. Caso não pretenda fazer um curso superior, solicite um benefício da previdência social no local para onde vai se mudar. Assim, será obrigada a encontrar um emprego, ou fazer um curso de cidadania e explorar o mercado de trabalho. Isso tem de ser feito o quanto antes. Familiarize-se com as possibilidades de emprego (de meio expediente) em sua futura cidade. Candidate-se às vagas (de meio período) disponíveis e evite ao máximo fazer empréstimos e acumular dívidas.

O mais importante é ter bom senso com o dinheiro; existem cursos que podem ensiná-la a elaborar um orçamento e ater-se a ele. O departamento de serviço social local está apto a lhe dar as indicações corretas.

7. Oportunidades educacionais

É bom conseguir um emprego de meio expediente, mas trate de garantir sua aprovação nas provas escolares. Você pode ter todas as justificativas do mundo para faltar a uma aula, mas evite fazer isso sempre. Um diploma abre as portas para uma independência duradoura. Procure ampliar ao máximo suas oportunidades de aprender coisas novas. Seu curso pode exigir um estágio. Aproveite-o da melhor forma possível: organize a experiência antecipadamente; negocie o pagamento de suas despesas, as horas de trabalho diárias e os créditos recebidos ao final do treinamento.

Se você estiver sobrecarregada de trabalho, procure seu supervisor ou orientador de estudos, que pode ensiná-la a estudar melhor, preparar-se para as provas e escrever artigos. Para se formar, será preciso autodisciplina: organize seu tempo com eficiência, durma na hora certa e planeje antecipadamente as tarefas.

Como estudante, você também aprenderá a se relacionar com pessoas de fora de seu círculo religioso: será preciso aprender o que podem esperar de você e as regras não escritas da etiqueta social. Associe-se a uma organização estudantil, vá aos bares e às festas (você não precisa beber).

8. Suas posses

Você não pode partir levando todas as suas coisas: sua iminente partida deve permanecer em segredo, portanto não é possível levar nenhum objeto pesado ou volumoso, como sua cama, uma mesa, uma cadeira ou todas as suas roupas. É preciso ser seletiva e sair só com o estritamente necessário. Lembre-se de levar algumas fotos valiosas, a carteira, o talão de cheques, seu cofre de porquinho ou a caixa onde guarda o dinheiro. Não esqueça seu passaporte. Você terá de contrabandear essas coisas para fora de casa aos poucos: se for vista saindo de casa com sacolas pesadas, ou se metade do conteúdo de seu armário sumir de repente, isso não passará despercebido.

Você terá de mobiliar sua nova casa por conta própria; portanto, descubra onde ficam as melhores lojas de produtos usados.

9. Estado de espírito

Partir é um grande desafio. Você se sente forte, anseia pelo momento mas, ao mesmo tempo, está bastante vulnerável. Passada a euforia inicial, você se sentirá sozinha; nem todos se mostrarão compreensivos e isso inclui alguns de seus novos amigos. As pessoas em quem você depositou sua confiança podem ajudála a aumentar sua capacidade de recuperação. Lembre-se de que, mesmo com toda a ajuda dos outros, você continua sozinha e é responsável por si mesma. Prepare-se para ter bons e maus momentos, não se deixe abater nem tenha pena de si mesma. Você vai querer se comunicar com a família, pois sentirá falta do calor humano, dos primos e da familiaridade. Toda família tem seus momentos especiais: os aniversários, os funerais, o Eid e assim por diante. Nesses dias você se sentirá ainda mais solitária. Mas não se esqueça de que o contato com sua família pode ter conseqüências graves. Cartas e telefonemas podem ser rastreados.

Más há compensações. Muitas mulheres como você conseguiram restabelecer uma boa relação com as famílias. Isso, porém, pode levar anos. É imprescindível que você espere até que possa confiar em si mesma financeira e emocionalmente. É preciso já ter conseguido um emprego para se manter firme e resistir às queixas e à insistência por seu retorno. Seus ouvidos devem estar fechados à chantagem emocional.

10. O momento da partida

Você já tomou todas as providências. Continua convencida de estar fazendo a coisa certa. Tem bons amigos dispostos a ajudá-la. Crê em si mesma, nos amigos e no futuro. Tem um endereço, uma renda e se matriculou como estudante. Talvez ainda esteja na escola ou já curse a universidade. Secretamente, contrabandeou seus pertences mais valiosos para fora de casa. Tem certeza de que ninguém percebeu. Seu comportamento tem sido exemplar e o dia de sua partida finalmente chegou. O tempo está bom, ou talvez esteja chovendo. Esta noite você dormirá em seu novo lar — mesmo que este seja um simples quarto — pela primeira vez. Mas espere: de que maneira você vai partir? Vai simplesmente sair e fechar a porta atrás de si, sem nem se despedir?

Sim, você vai, porque é preciso não chamar a atenção.

E ENTÃO VOCÊ FOI EMBORA.

E agora, o que acontece?

Seus pais não sabem onde você está e ficarão preocupados. Eles precisam ter certeza de que você partiu por vontade própria. Antes de partir, escreva uma carta explicando que os ama, mas que tem planos diferentes dos deles para sua vida; que respeita seu modo de vida, mas quer seguir seu próprio caminho. Você pode postá-la imediatamente ao sair, para que não seja possível localizar sua nova casa.

Telefone para seus pais algum dia. Você vai querer falar com eles de vez em quando, mas certifique-se de que seu número não pode ser descoberto: ligue de um telefone público ou de algum lugar cujo número não possa ser identificado. Pode ser bom ligar de um lugar público com muitas pessoas em volta. Assim você se obriga a falar pouco e ser objetiva.

Agora será preciso aprender como se virar na sociedade. Apesar de todos os aspectos negativos de sua educação, você aprendeu algumas habilidades valiosas: é capaz de ajustar-se aos outros e está habituada às tarefas domésticas. Aprendeu também a sobreviver a circunstâncias difíceis e está acostumada ao fato de que as coisas muitas vezes não são como você gostaria. Ao contrário de muitos homens, você não é mimada. Mas ainda há muito o que aprender: não deixe de tentar. Valerá a pena.

14. *Submissão: primeira parte*

Reproduzo aqui o documento original enviado por mim a Theo van Gogh, que o leu e propôs que o transformássemos num filme, o qual foi exibido pela primeira vez na televisão holandesa em agosto de 2004. Em 2 de novembro do mesmo ano, Theo van Gogh foi assassinado nas ruas de Amsterdã.

Submissão trata de Deus e do indivíduo. Não escrevi este roteiro para provocar ninguém. Como mencionei no prefácio deste livro, eu o escrevi para mostrar o absolutismo que obriga a mulher muçulmana a submeter-se totalmente à vontade e à palavra de Deus expressas no Alcorão. Quis promover uma mudança no relacionamento entre o indivíduo e Deus e pretendia assim substituir a submissão absoluta pelo diálogo. Escolhi a estrutura da oração porque os muçulmanos devem rezar cinco vezes ao dia. É por isso que há cinco mulheres diferentes orando de cinco maneiras diferentes. O sentido do filme está nessas mulheres fiéis, que se submeteram à vontade divina e continuam rezando sob circunstâncias terríveis, enquanto buscam obter de Deus uma resposta. O que elas estão dizendo é: "Veja, Deus, submeti-me totalmente ao Senhor, mas está dando tudo errado. Mesmo assim, o Senhor continua em silêncio".

Este roteiro chama-se *Primeira parte*, porque *haverá* outras partes. Estas também não serão escritas para insultar ou provocar ninguém. Mas creio que Alá deve ser confrontado por pessoas sensatas, inclusive aquelas que têm fé, com os dilemas que Ele nos apresenta e nos obriga a enfrentar na Terra. Nossos dilemas, enfrentados todos os dias por homens e mulheres, são resultado direto do que Deus nos exige.

A segunda parte tratará de quatro homens que têm dificuldade para seguir os desígnios de Deus e, como as mulheres da primeira parte, confrontam-No em suas preces com Suas exigências.

Na terceira parte, Deus responderá.

INTRODUÇÃO

Amina é uma muçulmana dedicada, que segue conscienciosamente as regras da xariá. Ela está cercada de mulheres tratadas com crueldade em nome de Alá: elas sofrem abusos, estupro pelos próprios maridos, incesto e castigos corporais. Esses atos cruéis são legitimados por versos do Alcorão. Amina tem pena dessas vítimas e se identifica com sua sorte. Todos os dias, dirige-se a Alá e reza fervorosamente por uma melhora na situação dessas mulheres, mas Alá permanece em silêncio e as crueldades continuam.

Um dia Amina faz algo surpreendente, desviando-se da rotina predeterminada do ritual de orações. Após a leitura compulsória do capítulo de abertura do Alcorão, ela dá início a um "diálogo" espontâneo com Alá, em vez de submeter-se a Ele.

LOCAL: Islamistão [país imaginário de maioria islâmica e cujo sistema legal é a xariá].

ELENCO

AMINA: protagonista, dirige-se a Alá em suas orações.

AISHA: deitada em posição fetal, recuperando-se da dor causada por cem chibatadas.

SAFIYA: sua experiência sexual consiste em ser estuprada pelo marido.

ZAINAB: coberta de hematomas, após ter sido espancada pelo marido, que a julga desobediente.

FATIMA: usa um véu, é vítima de incesto.

As cinco mulheres assumem suas posições. Amina senta-se ao centro, a cabeça curvada. Ela se levanta, caminha até um tapete de orações à sua frente e o desenrola. O tapete está voltado para Meca. Amina ergue os braços, de mãos espalmadas, e brada "Allahu Akbar". Então cruza os braços contra o peito e põe a mão direita sobre a esquerda. Finalmente, fixa o olhar na extremidade oposta do tapete. Permanece nessa posição até concluir a leitura da sura Fatiha (A abertura). Ao ouvir "Aaammiiin", apenas ergue a cabeça e olha para a câmera.

1. AISHA, QUE FOI SENTENCIADA A CEM CHIBATADAS

Amina pronuncia a fala que se segue, narrando a sorte de uma mulher chamada Aisha. Enquanto isso, a câmera move-se lentamente de Amina para Aisha, que está deitada no chão em posição fetal. Os ferimentos (cicatrizes) em seu corpo, causados pelas chibatadas, estão à mostra. Sobre estes, está escrito um trecho do Alcorão: capítulo 24, versículo 2, "Al-Nur" ou A Luz.

Fala de Amina

Ó Alá, enquanto aqui jazo ferida, meu espírito alquebrado,
Ouço em minha cabeça a voz do juiz declarando-me culpada.
A sentença que devo cumprir é, em vossas palavras:
"*A mulher e o homem culpados de adultério e fornicação,*
fustigai cada um com cem chibatadas;
não vos deixai comover pela compaixão em matéria prescrita por Deus,
se credes em Deus e no Juízo Final; e que um grupo de fiéis testemunhe o castigo". [A citação em itálico está escrita sobre o corpo de Aisha.]

Há dois anos, num dia de sol, quando estava no *souk*, meus olhos se cruzaram com os de
Rahman, o homem mais belo que já vi.
Desse dia em diante, não pude mais deixar de notar sua presença sempre que ia ao mercado.
Fiquei alvoroçada quando soube que encontrá-lo no bazar não fora uma coincidência.
Certo dia, sugeriu um encontro secreto e eu disse "sim".
Por meses, Rahman e eu nos encontramos; partilhávamos bebidas e guloseimas.
Dançávamos e sonhávamos... sim, construímos lindos castelos no ar.
E fazíamos amor a cada encontro secreto.
Com o passar dos meses, nosso relacionamento se aprofundava.
E de nosso amor uma nova vida começou a crescer.

Nossa felicidade não passou despercebida, e logo os olhos invejosos deram lugar às línguas maliciosas.

"Ignoremos essas pessoas e confiemos na benção de Alá." Dizíamos um para o outro.

Talvez por ingenuidade, juventude e paixão, pensamos que Vossa Santidade estivesse do nosso lado.

Rahman e eu partilhávamos afeição, confiança e profundo respeito um pelo outro. Como Deus não o aprovaria? Por quê?

E, assim, ignoramos as línguas perversas e continuamos a viver nosso sonho juntos, embora com maior cautela.

Ó Alá, até que fomos convocados ao tribunal e condenados por fornicação!

Rahman telefonou-me no dia anterior àquele em que teríamos de nos apresentar diante do juiz.

Disse que seu pai o havia tirado secretamente do país. Pena que meu pai é um homem pio, pensei.

Rahman disse que me amava e que rezaria por mim.

E também me encorajou a ser forte e confiar em Vós.

Ó Alá, como posso confiar em Vós? Vós que reduzistes meu amor à fornicação?

Aqui jazo fustigada — agredida e envergonhada — em Vosso nome.

Em Vosso livro sagrado está o veredicto que matou minha fé no amor.

Ter fé em Vós, submeter-me a Vós, parece, — e *é* — autotraição.

2. SAFIYA, QUE É SISTEMATICAMENTE VIOLENTADA PELO MARIDO

Amina pronuncia a fala que se segue, narrando a sorte de uma mulher imaginária chamada Safiya. Enquanto isso, a câmera move-se lentamente de Amina para Safiya. Vemos, pelas costas, uma bela mulher; ela veste um manto branco que deixa o dorso à mostra. Podemos ler um trecho do Alcorão escrito em suas costas e nas coxas (o manto tem uma abertura na frente): capítulo 2, versículo 222, "Al-Baqara" ou A Vaca.

Fala de Amina

Quando eu tinha dezesseis anos, meu pai me deu a notícia na cozinha.

"Você se casará com Azziz; ele pertence a uma família virtuosa e cuidará bem de você."

Quando vi uma foto de Azziz, não me entusiasmei nem o achei atraente e, por mais que me esforçasse para enxergar a harmonia do conjunto,

Não pude deixar de notar os detalhes imperfeitos:

uma cicatriz nos lábios, um nariz torto, sobrancelhas grossas demais.

De minha família, fui a que menos comemorou meu casamento.

Chegando a meu novo lar de casada, meu marido aproximou-se de mim.

Desde então, sinto repulsa quando ele me toca.

Seu cheiro me é repugnante, mesmo quando acaba de sair do banho;

Mas ainda assim, ó, Alá, eu obedeço às ordens dele,

confirmadas por Vossas palavras.

Deixo que ele me tome.

Cada vez que tento afastá-lo, ele Vos cita:

"*Interrogam-te*

quanto às regras das mulheres

Dize: são um ferimento e uma impureza
Então, afastai-vos delas
Em suas regras, e não
Acercai-vos delas até
Que estejam limpas.
Mas quando estiverem
Purificadas,
Podeis acercar-vos delas como, quando e onde
Deus vos ordenar.
Pois Deus ama aqueles
Que a Ele sempre se voltam
E aqueles que se mantêm puros e limpos".
Por isso, estendo os dias de minhas regras,
Mas não posso adiar para sempre o momento
De despir-me. Ele ordena, eu me submeto
Não a ele mas a Vós.
Ultimamente, suportar meu marido é cada vez mais difícil.
Ó Alá, eu suplico, dai-me forças para suportá-lo, porque tenho medo
De fraquejar em minha fé.

3. ZAINAB, QUE É ESPANCADA PELO MARIDO

Amina pronuncia a fala que se segue, narrando a sorte de uma mulher chamada Zainab. Enquanto isso, a câmera move-se lentamente de Amina a Zainab. Vemos o rosto dela inchado e coberto de hematomas. Suas roupas estão rasgadas. Escrita sobre as partes expostas de seu corpo — os braços, os ombros e, possivelmente, o abdome — vemos uma passagem do Alcorão: capítulo 4, versículo 34, "Al-Nisa" ou A Mulher.

Fala de Amina

Ó Alá, altíssimo

Vós dizeis que "*os homens são os protetores e mantenedores das mulheres, porque Alá deu a estes mais [força] do que àquelas*".

Sinto, pelo menos uma vez por semana, a força do punho de meu marido em minha face,

Ó Alá, altíssimo,

É difícil suportar a vida com ele,

Mas submeto a Vós minha vontade.

Meu marido me sustenta com seus próprios recursos,

Por isso, eu lhe sou devotamente obediente e guardo, em sua ausência, o que Vós quereis que eu guarde. Mas meu marido, mantenedor e protetor, teme que eu seja desleal e malcomportada; acusa-me de ser ingrata.

Como um general do exército no campo de batalha, grita-me seus caprichos;

Ameaça nunca mais partilhar de meu leito,

E sai por noites seguidas.

Suspeito que haja outra mulher.

Não ouso questioná-lo sobre ela,

Mesmo que a família e os amigos cochichem sobre o caso.

Quando volta,

Sempre encontra motivo para duvidar de minha lealdade,

E depois de uma série de advertências e ameaças, começa a me bater.

Primeiro de leve, nos braços e nas pernas, exatamente como Vós, altíssimo, descreveis — ou deveria dizer prescreveis — em Vosso livro sagrado;

Mas principalmente no rosto.

E por quê?

Por não atender rápido o bastante às suas ordens,

Por passar mal a camisa,
Por não salgar bem a comida,
Por conversar demais com minha irmã ao telefone.

Ó Deus altíssimo, a Vós me submetendo, garanto uma vida melhor no além,

Mas penso que estou pagando caro demais para que meu marido me dê proteção e sustento.

Não sei até quando poderei me submeter.

4. FATIMA, A MULHER DE VÉU

Amina pronuncia a fala que se segue, narrando a sorte de uma mulher imaginária chamada Fatima. Enquanto isso, a câmera move-se lentamente de Amina a Fatima. Vemos uma mulher coberta da cabeça aos pés por um véu; uma treliça de fios pende diante de seus olhos, fazendo parecer que ela olha através de uma janela gradeada. Está sentada, e o drapejado de seu manto revela contornos femininos. Sobre o véu está escrita, em tinta branca, uma passagem do Alcorão: capítulo 24, versículo 31, "Al-Nur" ou A Luz.

Fala de Amina

Ó Alá, cheio de graça e misericordioso.

Como exigis da mulher crente, baixo os olhos e guardo minha modéstia.

Nunca exibo minha beleza e ornamentos; nem mesmo a face ou as mãos.

Nunca bato com os pés, chamando atenção para meus ornamentos ocultos, nem mesmo nas festas.

Nunca saí de casa se não fosse absolutamente necessário e, mesmo assim, só com a permissão de meu pai. E, quando saio, cubro o peito com o véu, como é de Vosso agrado.

De vez em quando, eu peco. Imagino o vento nos meus cabelos ou o sol na minha pele. Na praia, talvez. Sonho acordada com uma longa viagem pelo mundo e imagino todos os lugares e pessoas que encontrarei. É claro que jamais verei esses lugares ou conhecerei tais pessoas porque o mais importante é preservar minha modéstia para agradá-lo, ó Alá.

Por isso, me alegro em fazer como dizeis e cubro meu corpo dos pés à cabeça, exceto quando estou em casa, entre meus parentes. No geral, estou feliz com minha vida.

Entretanto, as coisas mudaram desde que Hakim, o irmão de meu pai, está conosco!

Hakim espera até que eu esteja sozinha em casa e vem ao meu quarto.

Então, ordena que eu faça certas coisas para ele, que o toque nas partes mais íntimas.

Desde que ele está conosco, adotei o hábito de andar de véu dentro de casa para dissuadi-lo. Mas isso não o detém.

Por duas vezes ele tirou meu véu, rasgou minhas roupas e violou-me.

Quando contei a minha mãe, ela disse que falaria com meu pai.

Meu pai ordenou que nem ela nem eu questionássemos a honra de seu irmão.

Sinto dor a cada vinda de meu tio.

Sinto-me enjaulada, como um animal à espera do abate.

Estou cheia de culpa e vergonha;

e sinto-me abandonada, embora esteja cercada pela família e pelos amigos.

Ó Alá, Hakim se foi, pois já sabe que estou grávida.

Por hora, posso ocultar a barriga por trás do véu, mas cedo ou tarde alguém notará. Serei publicamente humilhada e morta por meu pai por não ser mais virgem.

Diante disso, penso em dar cabo da própria vida, mas sei que, no além, os suicidas jamais contarão com Vossa misericórdia.

Ó Alá, doador e tomador da vida.

Vós admoestais a todos aqueles que crêem para que, voltando-se em Vossa direção, conquistem a beatitude.

E agora que, sob este véu, rogo pela salvação, permaneceis em silêncio, como o túmulo pelo qual anseio.

Pergunto-me até quando serei capaz de me submeter.

15. A necessidade de auto-reflexão no islã

[Esta é a resposta de Ayaan a uma crítica a *Submissão: primeira parte,* publicada em *De Volkskrant.*]

Meus pais me educaram na crença de que o islã é o mais belo dos modos de vida — moral, social e espiritualmente. Anos mais tarde, percebi a existência de manchas que maculam essa beleza. Tais imperfeições, contudo, são invisíveis para aqueles que compartilham das convicções religiosas de meus pais e tentam justificar os erros do islã, repetindo sem cessar que não é a religião que está errada, são os fiéis que fazem confusão.

A moral islâmica exige do indivíduo submissão total à vontade de Alá, expressa na xariá, o código legal derivado do Alcorão, e à comunidade religiosa. O muçulmano nunca pode expressar sua individualidade: até mesmo para sentar-se, comer, dormir ou viajar, deve seguir regras estritas; não é livre para escolher os próprios amigos e deve ter (ou evitar) determinados pensamentos e sentimentos. Nada do que não estiver coberto por Alá e Seu profeta pertence ao domínio da comunidade religiosa, que abrange desde a família imediata até a totalidade do mundo muçulmano. Por exemplo: se um muçulmano marroquino se comportar mal depois de algumas cervejas, um sudanês ou afegão tem todo o direito de lhe chamar a atenção — na ausência de outros marroquinos — pelo simples fato de também ser muçulmano.

É no relacionamento entre os sexos que a negação da individualidade muçulmana se manifesta com maior força. A moral sexual islâmica dá muita ênfase à castidade. O sexo só é permitido no contexto do matrimônio. Na prática, a restrição é mais severa para as mulheres. Um homem pode, por exemplo, ter quatro esposas, mas nunca o contrário. A situação da mulher muçulmana, comparada à de muitas de suas irmãs não islâmicas, é, dito com franqueza, bastante ruim, marcada pela impotência, pela sujeição e pela desigualdade.

Tal como o resto do mundo, porém, os muçulmanos se beneficiam do progresso científico moderno. Aqueles que podem pagar fazem uso extensivo de inovações tecnológicas, como carros e aviões. Vivem em edifícios modernos e trabalham com máquinas e computadores. Entretanto, o arcabouço moral islâmico, ao contrário do cristão e do judaico, permaneceu inalterado. Cada muçulmano, dos primórdios do islã aos dias de hoje, é educado na crença de que todo o conhecimento está contido no Alcorão, de que é errado fazer perguntas críticas e de que todo muçulmano (mesmo em 2004) deve esforçar-se por imitar a vida do fundador do islã, Maomé. Na prática, evidentemente, poucos conseguem organizar sua vida em perfeito acordo com os princípios estabelecidos pelo profeta no século VII.

Em conseqüência dessa educação restritiva, a curiosidade básica humana, nos muçulmanos, foi severamente reduzida. Qualquer novo passo que um muçulmano ouse dar será rejeitado pelo resto da comunidade, simplesmente por ser incomum e não estar de acordo com o Alcorão. O islã é uma fé estática.

Após os eventos de 11 de setembro, aqueles que discordam dessa caracterização do estado de estagnação do islã foram desafiados, por críticos não islâmicos, a citar pelo menos um muçulmano que tenha feito uma descoberta científica ou tecnológica, ou mudado o mundo com seus feitos artísticos. Não há nenhum. Numa comunidade de mais de 1,2 bilhão de fiéis, conhecimento, progresso e prosperidade não são aspirações prioritárias. A pobreza, a violência e a decadência são generalizadas. Para reverter essa situação, devemos mudar o arcabouço moral da educação islâmica.

A abertura de uma discussão crítica sobre o islã é do interesse dos próprios muçulmanos, mas é crucial também para o resto do mundo. Quase todos os conflitos políticos atuais envolvem muçulmanos. Os muçulmanos vivem em situação calamitosa: fome, doenças, superpopulação e desemprego estão disseminados. A população dos países islâmicos é vítima de regimes opressivos, que costumam ter a xariá como fundamento. Poucos têm acesso a uma educação de qualidade satisfatória; muitos são analfabetos. Não se pode mais negar que os muçulmanos são, muitas vezes, responsáveis por sua própria miséria, ainda que não se dêem conta disso. Uma análise aprofundada do islã e a correção de boa parte dos dogmas islâmicos, que ainda mantêm os fiéis presos a um ciclo de violência e pobreza, lhes daria a chance de acabar com a opressão do indivíduo e adotar uma moral sexual pela qual homens, mulheres e homossexuais fossem tratados como iguais.

Essa avaliação crítica deve partir de dentro, daqueles que, tendo sido educados na tradição islâmica, não se tornaram cegos às falhas que minam a beleza de sua cultura — muçulmanos que tenham recebido uma educação satisfatória e que tenham tido a chance de conhecer gente de fora da comunidade islâmica. Essas pessoas buscaram sua felicidade individual e sabem quão difícil é conciliar o imperativo de ser um bom muçulmano com a necessidade humana fundamental de liberdade. Vivem em países livres e podem expressar suas opiniões abertamente, sem que isso represente um risco imediato para suas vidas. Contudo, esses críticos do islã precisam entender que uma cultura nascida há tantos séculos e que nunca passou por um período de auto-reflexão não aceitará bem suas idéias. Serão considerados, como já ocorreu a outros dissidentes, traidores e desertores que cospem no prato em que comeram.

Como exatamente deve expressar-se essa auto-reflexão muçulmana? Acredito que todas as formas de auto-expressão devam ser permitidas, exceto as agressões físicas e verbais. Usem palavras (romances, não-ficção, poesia, quadrinhos), imagens (filmes, animações, pinturas e outras formas de arte) e sons. *Submissão: primeira parte*, o curta-metragem que fiz com Theo van Gogh, expressa minha aspiração de questionar a moralidade em que se baseou minha educação. Não pretendo transformar muçulmanos em ateus, mas quero expor as falhas da cultura, especialmente a crueldade com que são tratadas as mulheres. Constatei, com meus próprios olhos, a inegável conexão entre as regras do Alcorão, que estipulam que uma esposa desobediente deva apanhar, e a violência dos espancamentos de mulheres. A prática é descrita nos *hadiths* (ditos atribuídos ao profeta Maomé) e os muçulmanos violentos citam o Alcorão sempre que se questiona seu comportamento na vida cotidiana. As próprias vítimas de agressões físicas citam o Alcorão para justificar os atos de violência masculinos e com freqüência voltam a seus maridos prometendo ser mais obedientes e mais bem-comportadas no futuro. Assim, além de sofrerem fisicamente, essas vítimas sofrem uma lavagem cerebral e se submetem "voluntariamente" à doutrina que está na raiz de sua deplorável condição.

Ao ser exibido como parte da série televisiva *Zomergasten* [Convidados de verão], *Submissão: primeira parte* despertou várias reações críticas. Muitos gostaram de ver um enfrentamento da opressão às mulheres muçulmanas, embora questionassem a eficácia de minha estratégia. Um grupo, no qual se inclui Lucassen, o historiador de Amsterdã, pensa que a crítica aos aspectos sombrios do islã carrega demais nas tintas. Acreditam que os críticos do islã são desnecessariamente pessimistas e citam o exemplo dos muçulmanos de terceira geração, que não passam mais o dia todo nas mesquitas e cujas filhas combinam o véu com umbigos de fora. Crêem que essa evolução prosseguirá sem necessidade de crítica.

Não sou derrotista. Sou otimista. Mas é necessária uma abordagem crítica que humanize o islã. Lucassen e seus companheiros não sabem distinguir entre a fé e os fiéis. O islã é um modo de vida, um sistema de idéias. Todo crente é ensinado a aceitá-lo como imutável e inabalável. Ao mostrar a incongruência de um Deus misericordioso que permite a agressão às mulheres, obrigo os muçulmanos a se defrontarem com uma falha em sua fé e a descobrir o sentido e a importância da moral secular, que lhes permitirá adaptar suas crenças ao mundo real. As críticas ao islã não significam que o fiel o rejeite, mas sim que examina idéias e doutrinas específicas, cuja aplicação à vida real conduz a um comportamento brutal e de conseqüências inaceitáveis.

Outros me advertiram, depois de assistir a *Submissão*, que minha crítica ao islã era contraproducente, que os islamofóbicos se aproveitariam de minhas idéias para discriminar os muçulmanos e prejudicar a imagem do islã. Isso pode ser verdade, mas nunca pensei em fazer o jogo dos islamofóbicos. Minha intenção era desafiar os muçulmanos, por meio de textos e imagens que os fizessem pensar, a considerar atentamente seu grau de responsabilidade sobre sua própria miséria. O risco de que islamofóbicos e racistas façam um mau uso de minhas palavras não me impedirá de filmar *Submissão: segunda parte*. Um jornalista que, com razão, exija transparência de um Estado democrático (pense em Guantánamo), não recuará porque o governo teme a divulgação de informações que possam ser úteis aos inimigos do mundo livre. Tenho de tomar o mesmo tipo de decisão que jornalistas e defensores dos direitos civis. A importância de se expor as injustiças do mundo (incluindo as religiosas) supera os riscos de um possível mau uso por terceiros.

Alguns de meus críticos disseram que os muçulmanos se sentiriam ofendidos e incomodados por um filme como *Submissão* e se afundariam ainda mais na lama, resistindo à mudança. Crêem também que meus métodos de confronto são contraproducentes e que eu deveria mudar de estratégia. Mas esse grupo de críticos, que inclui os líderes trabalhistas muçulmanos Arib e Albaryak, dificilmente apresenta uma alternativa estratégica mais eficiente. Dão demasiada atenção ao sofrimento de líderes de fala macia, como os da Liga Árabe Européia e pessoas como Ayhan Tonca, porta-voz do Grupo de Contato entre Muçulmanos e Governo, mas ignoram a dor cotidiana, extrema e contínua das vítimas de violência. Esses "socialdemocratas" islâmicos preferem defender uma doutrina de submissão das mulheres a promover o esclarecimento dos muçulmanos.

Não querem mudar nada — e não desejam a exposição das conseqüências negativas de sua "fé". Desviam o olhar de uma muçulmana que, aos 23 anos, não sabe ler nem escrever e passa seus dias encolhida num canto de um abrigo para mulheres agredidas. Há menos de três anos, essa mulher foi arrancada de sua família no distante interior de um país muçulmano e se viu morando num apartamento, num conjunto habitacional miserável de uma grande cidade, dividindo sua vida com um estranho, com quem foi forçada a se casar. Quando esse homem começou a espancá-la regularmente, a polícia a levou para um abrigo de mulheres. Lá, fica sentada num canto, apática, vendo seu bebê engatinhar irrequieto. Ela mal reage aos olhares irritados das outras mulheres ou aos funcionários que a lembram constantemente de que deve tomar conta do filho. Essa mulher é uma sem-teto. Não pode mais voltar à sua família no país em que nasceu, pois se tornou propriedade do marido. Quando lhe pergunto sobre o futuro dela e do bebê, ela responde que se fia em Alá: "Alá me pôs nesta situação e, se eu for paciente, me tirará dessa miséria. Basta obedecê-lo". Em *Submissão: primeira parte,* tento mostrar como funciona essa submissão a Alá na vida real.

Ainda assim, a organização de mulheres muçulmanas Al-Nisa acredita que os muçulmanos estão sob forte pressão desde os atentados de 11 de setembro. Sentem-se acuados e injustamente responsabilizados pelos atos de pessoas que se autodenominam muçulmanos e são capazes de fazer coisas horríveis em países longínquos. A presidente da organização pensa que a crítica à situação da mulher é, em si, uma boa coisa, mas que o momento não é oportuno para um filme como esse, e que não se deve ofender os muçulmanos.

Esse argumento não procede. Os muçulmanos na Holanda não estão acuados. Pelo contrário, gozam plenamente da liberdade religiosa vigente neste país ocidental e secular, e também de sua enorme prosperidade. O fato é: enquanto os muçulmanos não estiverem no comando do país, eles continuarão a se sentir ofendidos.

Muitos muçulmanos reagem com indignação quando lhes são apontadas falhas em sua religião. Alguns ameaçam atos de violência física ou partem para as agressões verbais. Estes são os comentários a *Submissão: primeira parte* dos porta-vozes oficiais de algumas organizações muçulmanas holandesas (embora ninguém saiba a quem esses grupos representam):

"O filme de Hirsi Ali é contraproducente. Discutir a posição da mulher no islã é algo positivo. Mas os muçulmanos devotos ficam terrivelmente chocados e muitos deles se sentirão compelidos a adotar uma atitude defensiva. Isso leva ao fracasso do debate na Holanda. No momento, seria melhor nos concentrarmos em restabelecer um relacionamento normal. Não faço idéia de quais tenham sido seus motivos, mas considero o filme pura provocação." Declarou Mohamed Sini, presidente da Sociedade pelo Islã e pela Cidadania, que diz prezar a liberdade de expressão acima de tudo.

O presidente da seção holandesa da Liga Árabe Européia (AEL) disse: "A confrontação de Hirsi Ali prejudica o debate sobre a situação do islã. Não é de surpreender que Theo van Gogh faça esse tipo de coisa; ele nunca teve um pensamento construtivo sobre nada. Mas ela é uma parlamentar. Não entendo por que deseja ofender milhões de muçulmanos na Holanda". Ele afirmou também que, exceto em alguns casos extremos, não há nada de tão errado com a situação da mulher no mundo islâmico. "Os holandeses que queiram saber um pouco mais sobre o assunto não devem ouvir apenas a Hirsi Ali. Ela projeta suas próprias experiências bizarras sobre todo o grupo."

Depois de todo esse discurso, ele admitiu que nem sequer assistira ao filme: "Não vou perder meu tempo com essa loucura".

Pouco antes de o filme ser transmitido pela televisão, um porta-voz do Grupo de Contato entre Muçulmanos e Governo comentou: "Não estou nem um pouco interessado nesse filme. Não quero vê-lo. Será, de qualquer modo, uma distorção dos fatos. Acho absurdo que Hirsi Ali não faça nada além de provocar. Já é hora de ela calar a boca". Ele decidiu "ignorar" Hirsi Ali e Van Gogh completamente: "Essa é a melhor estratégia; mais cedo ou mais tarde eles vão parar. Simplesmente não merecem uma resposta".

A presidente da organização muçulmana turca Milli Görüs disse ao *Rotterdam Daily*: "Se Hirsi Ali quer travar uma guerra religiosa, o problema é dela; decidi não fazer nenhum comentário [sobre o filme]".

Esta foi a resposta do presidente do Conselho Muçulmano da Holanda à *Submissão*: "Para a comunidade islâmica isso foi longe demais. Os muçulmanos mais ortodoxos certamente não aceitarão isso".

E isto é o que Driss El Boujoufi da União das Organizações Muçulmanas Marroquinas na Holanda (UMMON) tinha a dizer: "Ayaan Hirsi Ali quer transformar isso numa disputa e está à procura de adversários. Mas não estamos fazendo o jogo dela, pois assim que a disputa começa, aparecem os espectadores, e essa é a última coisa que queremos".

Um porta-voz da Emissora Muçulmana Holandesa disse: "Hirsi Ali tem um problema com esses versículos do Alcorão. Mas não é o Alcorão que incita os homens a agredir as mulheres, são os próprios homens. Ela deveria dirigir-se diretamente a eles e convidá-los a discutir a questão. A emancipação começa de dentro para fora. Se você atacar aquilo que as pessoas prezam, perderá a confiança delas".

Essas reações foram todas bastante previsíveis. Não importa se os comentários partem de alguém que tenha de fato visto o filme. Não importa se as reflexões críticas a respeito do islã sejam expressas num curta-metragem, num texto ou por qualquer outro meio. Tudo o que essas pessoas querem é negar a maior fraqueza do islã: o modo como as mulheres são vistas e tratadas. Líderes de organizações muçulmanas advertem que a comunidade islâmica não aceitará as imagens de mulheres com versículos do Alcorão pintados sobre seus corpos. Mas a questão é que as organizações muçulmanas e os muçulmanos em geral concordaram, durante séculos, com o que de fato acontece quando a mensagem expressa por esses versículos é aplicada aos corpos das atrizes em *Submissão*: o açoite de mulheres "devassas", os maus-tratos sistemáticos às "desobedientes", o estupro das esposas com o consentimento de Alá, o ostracismo, ou mesmo o assassinato de meninas e mulheres vítimas de incesto. Tudo isso é aceito servilmente, sem questionamento, para limpar o nome da família, manchado pela vergonha.

Os representantes das organizações islâmicas não aceitam a mensagem de *Submissão* e negam o fato de que muitas mulheres muçulmanas são forçadas a se refugiar em abrigos e que muitas são abandonadas pelos maridos nos países de origem, com todos os filhos e nenhum dinheiro. O Departamento de Justiça chegou a ser impedido de manter um registro sistemático do número de assassinatos de honra anuais, porque porta-vozes de organizações muçulmanas fizeram a sofística advertência de que isso aborreceria aqueles cujos interesses eles defendem. Contudo, os institutos regionais de psiquiatria ambulatorial e outros serviços de saúde mental estão cientes de que muitas meninas muçulmanas são vítimas de incesto e casamentos forçados, e são levadas pelos pais para serem assassinadas no país de origem da família. Que interesses o governo está defendendo? O de assassinos.

A agenda secreta dos porta-vozes conservadores das organizações muçulmanas é a mesma das escolas islâmicas: os muçulmanos ocidentais querem ser livres para decidir como tratar as mulheres de suas famílias. Estes são inimigos organizados das mulheres e endossam o consenso silencioso, prevalente nos países islâmicos: o modo como meninas e mulheres são tratadas é uma questão familiar privada. Se ocorrer algum comportamento feminino que pareça remotamente ameaçar a honra da família, os pais, irmãos e quaisquer outros parentes homens podem intervir como melhor lhes aprouver. Versículos do Alcorão são usados para justificar a violência masculina contra as mulheres e também para apaziguar a consciência do agressor e de qualquer um que tenha testemunhado a agressão. Ao eximir os textos sagrados de qualquer crítica, os líderes das organizações muçulmanas conseguem preservar em toda parte o sistema que subjaz à opressão das mulheres. E assim perpetuam esta prática.

De fato, a maioria dos homens muçulmanos não julga sua maneira de tratar as mulheres como "opressiva", "abusiva" ou "homicida" e considera a violência uma reação adequada ao comportamento delas. Como disse um porta-voz muçulmano: "As mulheres muçulmanas conhecem as regras. Se decidirem passar dos limites, serão punidas", e ainda, "com exceção de alguns casos extremos, não há nada de tão errado com a situação da mulher no mundo islâmico". Isso não é revelador?

Ainda assim, os muçulmanos pensam que dou muita ênfase aos aspectos negativos do islã. Perguntam por que não faço o mesmo estardalhaço a respeito da intolerância entre os cristãos ou judeus e acreditam que estou mais interessada em sujar a imagem do islã do que em melhorar a situação das mulheres.

É verdade que a Bíblia e o Talmude também contêm passagens que expressam hostilidade em relação às mulheres. E, de fato, há cristãos e judeus que tomam esses textos sagrados tão ao pé da letra quanto muitos muçulmanos fazem com o Alcorão. Algumas dessas pessoas estão submetidas a uma moral sexual indistinguível da dos países onde vige a xariá, como a Arábia Saudita. Tratam as mulheres tão mal quanto os muçulmanos, resistem a qualquer forma de progresso e são intolerantes com os homossexuais.

Mas, se esses muçulmanos críticos aprofundarem mais um pouco sua análise comparativa, descobrirão que o número de "extremistas das escrituras" nos mundos cristão e judaico é muito menor do que no islâmico. O Deus de cristãos e judeus foi domado pelas pessoas sensatas e, em grande parte, limitado à consciência privada do fiel. Hoje, se diz que Deus é "amor" ou "energia" e os que nele crêem dispensaram o conceito de inferno. O cristianismo e o judaísmo não exercem mais o controle sobre o indivíduo, embora padres, ministros e rabinos não tenham aceitado isso por livre e espontânea vontade. A prevalência da liberdade de consciência, a busca pelo conhecimento e o controle individual sobre a natureza humana foram conquistados a duras penas no Ocidente e tudo isso começou como uma batalha de palavras.

As mulheres nascidas em países originalmente judaico-cristãos, em sua maioria, podem sair às ruas sozinhas em segurança, têm igualdade de acesso à educação, são pagas por seu trabalho e escolhem com quem dividir suas vidas. Exercem o controle sobre suas necessidades sexuais, decidem quando engravidar e determinam o número de filhos que querem ter. A maior parte das mulheres de ascendência judaica ou cristã é livre para viajar pelo mundo, comprar uma casa para si e ter suas próprias posses. Não todas, mas a maioria. Somente uma reduzida fração das mulheres de família muçulmana pode fazer tais coisas. As muçulmanas estão virtualmente privadas do direito de autodeterminação.

Os judeus e cristãos conquistaram tudo isso no Ocidente criticando seus textos sagrados, ridicularizando o que é dito na Bíblia e no Talmude e mostrando que muitas dessas coisas estão erradas. As antigas escrituras sobrevivem, mas nossas idéias sobre como deve ser o relacionamento entre os sexos evoluíram. Quando judeus e cristãos descobriram o poder das palavras e das imagens, usaram-nas para iluminar suas crenças e culturas, descobrir inconsistências, abolir práticas nocivas e promover as piedosas e humanas. Por diversas vezes, aqueles que queriam preservar o *status quo* se queixaram dos textos, imagens e comportamentos "agressivos", "pecaminosos" e "radicais" de seus adversários. Durante séculos a igreja incentivou os fiéis a ignorar seus críticos, promoveu inquisições e ignorou os atos imorais e ilegais de alguns padres, até que as pessoas não mais o tolerassem. O mesmo deve acontecer no islã. Aqueles que de fato amam a beleza de sua fé devem agir para pôr fim ao que nela é feiúra.

A história do Ocidente é a busca pelo esclarecimento através da auto-reflexão. É daí que provêm suas práticas democráticas e seu poder. Foi da insurreição judaico-cristã contra o absolutismo da fé religiosa que tomei emprestada minha estratégia para criticar o islã. *Submissão: primeira parte* foi produzido nesse contexto. Quem está familiarizado com as disputas entre as igrejas ocidentais sabe quão eficiente pode ser minha controversa estratégia. Como disse, sou otimista.

16. Retrato de uma heroína quando jovem

Uma das minhas atuais heroínas é Samira Ahmed, uma mulher de 24 anos, com jeito de menina bonita e grandes olhos castanhos de corça. Seus cabelos são negros e encaracolados, e o sorriso é capaz de fazer com que o rosto mais sombrio se ilumine e sorria de volta. Além de sua boa natureza, é curiosa e está determinada a não depender de ninguém. Nascida numa família que deixou o Marrocos no início dos anos 80 e se estabeleceu na Holanda, tem nove irmãos.

No verão de 2005, fui à sua formatura, em um curso técnico superior de Amsterdã. Samira recebeu um diploma de pedagogia e obteve nota máxima em sua monografia.

Esse é o lado festivo da história de Samira, mas há também o lado trágico. Quando cheguei para sua colação de grau, fui recebida, como todos os outros convidados, numa área de recepção, do lado de fora do auditório, onde seria realizada a cerimônia. Observei os 35 estudantes da turma, que se juntavam em grupos animados em torno dos balcões onde se servia o café. Estavam acompanhados da família e de amigos, que conversavam carregando presentes e flores embrulhados em papel celofane. Pais e mães orgulhosos, irmãos e irmãs de rostos corados que implicavam uns com os outros, namorados e namoradas, todos felizes apenas por estarem ali, testemunhando as conquistas de um membro da família.

No balcão de Samira não havia ninguém da família: nenhum irmão ou irmã, nenhum primo ou prima, nenhum sobrinho ou sobrinha.

Dois anos antes, Samira tivera de fugir de casa, pois queria morar num alojamento estudantil, como suas amigas holandesas Sara e Marloes. Em casa, dividia um quarto com alguns dos irmãos e não tinha nenhuma privacidade. Todos os seus passos na casa eram monitorados pela mãe e pelas irmãs; na rua, os irmãos a vigiavam. Todos queriam garantir que ela não se ocidentalizasse de modo algum.

Samira suportara violências físicas e psicológicas terríveis. A família tinha sempre um pretexto para questioná-la, mexer nas suas coisas e proibi-la de botar os pés fora de casa. Era espancada com freqüência. Espalhou-se na comunidade o rumor de que namorava um holandês. Os espancamentos pioraram. Samira não pôde mais suportar a situação e fugiu. Pouco depois, no verão de 2003, entrou em contato comigo. Fui com ela à polícia para denunciar seus irmãos, que haviam ameaçado matá-la. Para eles, a morte de Samira seria a única maneira de vingar a vergonha causada à família ao deixar a casa paterna. A polícia disse que não podia fazer nada além de registrar a queixa. Disseram que havia milhares de mulheres como ela e que não cabia a eles intervir em assuntos de família.

Desde sua saída, Samira vive escondida, mudando de uma casa para outra e dependendo da generosidade de estranhos. Mas ela costuma ser corajosa e encara a vida com muito otimismo. Samira lê os livros da faculdade, faz suas tarefas de casa e entrega os trabalhos no prazo. Aceita convites de Sara e Marloes para festas de estudantes e tenta se divertir. Mas, às vezes, o rosto abatido denuncia suas preocupações. De quando em vez, chora e confessa que queria uma vida diferente, talvez mais parecida com a de suas amigas holandesas.

Mas hoje, no dia de sua formatura, está radiante, com o diploma nas mãos retribuindo os beijos dos amigos. Contudo, suas preocupações estão longe de terminar. Não tem dinheiro; precisa encontrar um emprego, o que não é nem um pouco fácil na Holanda para quem tem nome marroquino; precisa de um novo lugar para morar; vive sob o temor constante de ser descoberta e morta pelos irmãos. Isso não é brincadeira: em apenas duas regiões policiais da Holanda (a área de Haia e o sul da província de Zuid-Holland), onze jovens muçulmanas foram mortas pelas próprias famílias, entre outubro de 2004 e maio de 2005, por "crimes" semelhantes aos cometidos por Samira.

Como porta-voz dos imigrantes na sociedade holandesa, estou constantemente defendendo a emancipação das mulheres estrangeiras. Na minha concepção, há três categorias de muçulmanas na Holanda. Suspeito que essa distinção se aplique também a outros países da União Européia com grandes populações muçulmanas.

A primeira é a das jovens como Samira — determinadas, inteligentes e decididas a se arriscar por uma oportunidade de percorrer seu próprio caminho e moldar seu próprio futuro. Enfrentam muitos obstáculos em sua tentativa de assimilação à sociedade ocidental, e algumas podem até perder a vida tentando realizar seus sonhos.

A segunda é formada por meninas e mulheres muito ligadas à família, da qual são extremamente dependentes, mas que criam artifícios inteligentes para levar uma vida dupla. Em vez de enfrentarem a família, questionando sua adesão aos costumes e à religião, adotam uma abordagem mais diplomática. Em família (no sentido mais amplo do termo, que inclui também a comunidade), usam o véu e, em casa, obedecem a todos os caprichos dos pais e parentes homens. Fora de casa, porém, vivem a vida das mulheres ocidentais comuns: têm um emprego, vestem-se de acordo com a moda, namoram, bebem, vão a festas e até mesmo conseguem viajar para longe de casa por algum tempo.

O terceiro grupo é composto pelas extremamente vulneráveis. Algumas dessas jovens são trazidas dos países de origem dos imigrantes para lhes servir de noivas ou empregadas domésticas. Outras são filhas das famílias mais conservadoras. Essas meninas são tiradas da escola assim que chegam à puberdade e trancadas em casa. As famílias adotam essa forma de escravidão moderna sem serem incomodadas, pois as autoridades raramente prestam atenção nessas jovens. No mais das vezes, as meninas são criadas para serem totalmente obedientes; cumprem tarefas domésticas sem nenhum questionamento. Suas vontades individuais foram dobradas pela servidão ensinada pelos pais e posta em prática na casa do marido ou das pessoas que as importaram e escravizaram. Mal sabem ler e escrever. Depois de casadas, costumam ter tantos filhos quanto permite sua fertilidade. Se perdem um bebê, a maioria vê isso como a vontade de Deus, não como falta de cuidados adequados com a saúde, que a família as impede de procurar por motivos religiosos.

Quando uma mulher em tal estado de submissão é violentamente agredida pelo marido, irmão ou pai, considera isso uma conseqüência de seu próprio mau comportamento. Em resposta, promete comportar-se melhor dali em diante. Algumas das mulheres agredidas sentem-se tentadas a rebelar-se, fugindo ou informando às autoridades quando suas vidas se tornam dolorosas demais. Aquelas que cedem a essa tentação serão provavelmente mortas pela própria família ou marido, ou terminarão na prostituição ou em algum abrigo. Algumas das que deram sinais de rebeldia são atraídas de volta aos países de origem, pelos pais ou marido, e simplesmente deixadas lá, abandonadas, repudiadas, com ou sem filhos e sem recursos financeiros, nem ninguém para ajudá-las.

Já há algum tempo venho sustentando que a maneira mais eficaz para os governos da União Européia lidarem com suas minorias islâmicas é incentivar a autonomia das mulheres muçulmanas que vivem dentro de suas fronteiras. Não foi apresentado ainda um único argumento convincente contra essa tese, mas ninguém fora de meu partido parece estar disposto a dar o primeiro passo para ajudá-las. A melhor ferramenta para conferir maior autonomia a essas mulheres é a educação. No entanto, o sistema educacional de alguns países da União Européia atravessa uma crise de negligência, especialmente no que tange aos filhos de imigrantes. Estamos pagando o preço de misturar educação e ideologia. Mas tentarei me ater ao importante tema da libertação das mulheres dos grilhões das crenças supersticiosas e costumes tribais.

O maior obstáculo que impede as mulheres de ter uma vida digna e livre é a violência — física, mental e sexual — cometida pelos parentes mais próximos. Segue uma pequena amostra da violência praticada contra meninas e mulheres na cultura islâmica:

- Meninas de quatro anos têm seus genitais mutilados: algumas com tal gravidade que morrem de infecção; outras ficam traumatizadas pelo resto da vida e futuramente padecerão de infecções recorrentes em seus sistemas reprodutivo e urinário.
- Adolescentes são tiradas da escola à força e mantidas dentro de casa, para interromper sua educação, enrijecer seu pensamento e sufocar sua vontade.

• Vítimas de incesto e abusos sexuais são espancadas, deportadas ou assassinadas para que não denunciem seus agressores.

• Algumas vítimas de incesto e abusos engravidam e são forçadas a abortar pelos pais, irmãos mais velhos ou tios, a fim de evitar que a honra da família seja manchada. Na era dos testes de DNA, as meninas poderiam provar que foram violentadas. Contudo, em vez de punir os agressores, a família trata as jovens como se elas a houvessem desonrado.

• Meninas e mulheres que reclamam dos maus-tratos são espancadas pelos pais para abater-lhes o ânimo e reduzi-las a uma servidão vitalícia, que não se distingue da escravidão.

• Muitas meninas e mulheres que não suportam mais tanto sofrimento dão cabo da própria vida ou desenvolvem diversos tipos de enfermidades psicológicas, incluindo colapsos nervosos e psicoses. São literalmente levadas à loucura.

• Uma menina muçulmana na Europa corre maior risco de ser forçada pelos pais a casar-se com um estranho do que meninas de outras religiões. Em um tal casamento — que, sendo forçado, inicia-se, por definição, com um estupro — gera um filho atrás do outro. Essa mulher é um útero escravizado. Muitas de suas crianças crescerão numa família na qual os pais não estão nem unidos pelo amor, nem interessados no bem-estar dos filhos. As filhas passarão pela vida tão subjugadas quanto as mães, enquanto os filhos — na Europa — abandonarão a escola e serão atraídos por passatempos, que vão desde vagar pelas ruas ao abuso de drogas e ao fundamentalismo islâmico.

Os formuladores de políticas europeus ainda não compreenderam o grande potencial da liberação das mulheres muçulmanas. Estão desperdiçando uma oportunidade única de fazer com que a integração dos muçulmanos seja bem-sucedida em apenas uma geração.

Os governos têm a obrigação moral de erradicar a violência contra as mulheres na Europa. Isso deixaria claro, para os fundamentalistas, que os europeus levam sua Constituição a sério. Agora, a maioria dos agressores simplesmente pensa que a retórica ocidental a respeito da igualdade entre homens e mulheres é covarde e hipócrita, pois os governos do Ocidente toleram que milhões de muçulmanas sejam agredidas, quando lhes dizem que isso é feito em nome da liberdade religiosa.

Muçulmanas como Samira fariam questão de preparar os filhos para a vida numa sociedade moderna. Essas mulheres planejariam suas famílias com um parceiro escolhido. Com tal planejamento, seus filhos teriam menos chances de abandonar a escola. Elas valorizam a educação e enfatizariam a importância dela para os filhos. Dão valor ao trabalho e aspiram a contribuir para a economia. Poderiam oferecer à economia de uma Europa cada vez mais desvitalizada os recursos humanos necessários, em vez de onerar o orçamento da Previdência.

Os filhos de muçulmanas bem-sucedidas estão mais propensos a ter uma atitude positiva em relação às sociedades em que vivem. Aprenderão, desde cedo, a valorizar a liberdade e a prosperidade de que desfrutam e talvez até mesmo compreendam como são frágeis essas liberdades e lutem por elas.

Por que os líderes europeus demoram tanto a reconhecer o importante papel que as muçulmanas podem desempenhar numa integração bem-sucedida dos imigrantes na União Européia? Parte da culpa pode ser atribuída à passividade das universidades e organizações não governamentais em lidar com os direitos das mulheres imigrantes. A comunidade acadêmica é unânime em condenar a violência contra a mulher, seja esta cometida pela família ou pelo Estado, mas tem sido negligente em investigar e providenciar a estrutura legal e as informações necessárias para ajudar os formuladores políticos a fazer dos direitos femininos uma prioridade. O argumento clássico dos professores, de que as universidades não são arenas políticas, não parece sincero, pois muitos departamentos e universidades de toda a Europa se comprazem em toda sorte de práticas políticas. Por exemplo, a Universidade de Oxford acaba de conceder uma cátedra a Tariq Ramadan, o ideólogo muçulmano suíço, visto por alguns como uma voz moderada, que propõe a assimilação dos muçulmanos à sociedade européia pela "integração psicológica", e tido por alguns americanos e europeus como um radical. Foi contratado no verão de 2005 pela Universidade de Notre Dame, nos Estados Unidos, para lecionar filosofia e ética islâmica no Joan B. Kroc Institute for Peace & Justice [Instituto Joan B. Kroc pela Paz & Justiça], mas teve sua entrada no país negada. Seu visto foi revogado alguns dias antes de começar a trabalhar lá. Por fim, renunciou ao posto, já que não poderia chegar ao local onde deveria lecionar. Sua contratação pela Universidade de Oxford parece ser motivada não só por seu notável currículo acadêmico, mas também pelo fato de que ele é visto como capaz de amortecer os choques com o islã radical.

Porém, apesar de contar com departamentos de estudos árabes e islâmicos, a maioria das universidades européias serve como centro de ativistas para promover a causa palestina e não como locais de ensino e pesquisa para estudantes muçulmanos. Ainda não há uma única cátedra, projeto de pesquisa ou curso que trate da submissão das mulheres muçulmanas e de seus efeitos sobre a Europa e o futuro dessa grande população de muçulmanos europeus. Não há pesquisadores recolhendo dados e números sobre a intensidade da violência sofrida pelas muçulmanas, sobre como essa violência as prejudica na vida cotidiana e de que modo isso impede uma satisfatória integração dos muçulmanos à sociedade européia.

As organizações não governamentais mantêm um silêncio constrangedor quanto à luta pelos direitos humanos. Bem, há uma na Noruega que dá atenção ao tema, a Human Rights Watch, dirigida por Hege Storhaus, uma mulher corajosa e determinada. Mas, nos países maiores, não existe ainda nenhuma ONG que monitore quantas vezes são cometidos assassinatos de honra, ou quantas meninas são circuncidadas, ou tiradas da escola e forçadas a viver em virtual escravidão nos países-membros.

Entretanto, há motivos para algum otimismo. Cresce na Europa a consciência da extensão e persistência da violência contra meninas e mulheres muçulmanas, justificada pela cultura e religião e perpetrada pela família. Alguns governos reconheceram a necessidade de adotar medidas de combate a essa e a todas as outras formas de violência contra a mulher. Contudo, ainda temos de percorrer um longo caminho até que jovens como Samira possam viver sem medo.

Que desperdício é a cegueira da Europa para essa oportunidade de ouro que está bem diante de seus olhos.

17. Por um pensamento claro

Após os cruentos bombardeios terroristas de 7 de julho de 2005 em Londres, Tony Blair definiu a situação como uma batalha de idéias. "Nossos valores durarão bem mais que os deles", disse o primeiro-ministro. De pé, ao seu lado, outros líderes mundiais assentiam em silêncio. "Não importa o que [os terroristas] façam, estamos determinados a jamais permitir que eles destruam aquilo que prezamos nesta e em outras nações civilizadas de todo o mundo."

Ao definir o problema como uma batalha de valores, Blair levantou uma questão: que valores estão em jogo? Quem ama a liberdade sabe que a sociedade aberta depende de uns poucos conceitos fundamentais, compartilhados por todos. Acreditam que todo ser humano nasce livre, dotado de razão e de direitos inalienáveis. Esses governos estão submetidos aos ditames da lei, de modo a proteger as liberdades civis. Asseguram a liberdade de consciência e de expressão e garantem que homens e mulheres, homossexuais e heterossexuais recebam o mesmo tratamento e proteção na forma da lei. Esses governos praticam o livre-comércio e a abertura de mercado e permitem que as pessoas façam o que quiserem em seu tempo livre.

Os terroristas, e as sociedades baseadas na xariá, nas quais se espelham, têm um ponto de vista filosófico inteiramente distinto. As sociedades que professam a obediência à lei da xariá, código derivado de uma leitura literal do Alcorão, são exemplos do fundamentalismo islâmico. Acreditam que as pessoas nascem para servir a Alá, por meio de uma série de obrigações prescritas num corpo de textos antigos. Esses éditos regulam desde os rituais de nascimento e ritos funerários aos detalhes mais íntimos da vida humana; chegam ao absurdo de tratar de como assoar o nariz ou com que pé entrar no banheiro. Segundo essa filosofia, os humanos devem matar seus semelhantes, quando estes abandonam a fé islâmica, e devem ser hostis com pessoas cuja religião ou modo de vida difira dos seus. Tal hostilidade permite até mesmo o assassinato de inocentes. Os éditos não fazem distinção entre civis e militares — qualquer um que não partilhe dessa fé é um infiel e um candidato ao assassinato.

Nessa sociedade regida pela xariá, as mulheres são subordinadas aos homens. Devem ficar confinadas em casa, ser espancadas em caso de desobediência, casar contra a vontade e esconder-se atrás de um véu. Os ladrões têm as mãos arrancadas e a pena capital é executada em praça pública, para júbilo da multidão. Os terroristas tentam impor esse modo de vida não apenas aos países islâmicos, mas também, como disse Blair, às sociedades ocidentais.

A figura central desse confronto não é Bin Laden, Khomeini, Hassan al-Banna, ou Sayyd Qutb, mas Maomé. Uma figura pré-medieval em quem esses quatro homens — assim como todos os muçulmanos fiéis em nosso mundo moderno — buscam orientação. Maomé e seus ensinamentos oferecem um desafio fundamental ao Ocidente. Os muçulmanos fiéis — todos eles — acreditam que devem emular esse homem, em questões práticas e de princípios, sob quaisquer circunstâncias. E assim, antes de dar início a uma batalha de idéias, precisamos observar essa figura e sua presença na vida diária e nos lares dos muçulmanos devotos dos dias de hoje.

A leitura do Alcorão e dos escritos tradicionais deixa claro que a vida de Maomé não só fornece as regras para a existência cotidiana dos muçulmanos, como também mostra quais são os meios pelos quais se podem impor os valores do profeta Maomé. Contudo, fragmentos de alguns dos manuscritos mais antigos do Alcorão, datados dos séculos VII e VIII, apresentam pequenas divergências em relação ao texto hoje considerado canônico. Não obstante, muitos fundamentalistas islâmicos julgam o Alcorão perfeito, uma representação atemporal da palavra imutável de Deus. Agem como alguns cristãos fundamentalistas, que não compreendem que a Bíblia passou por várias mudanças, interpretações e traduções, antes de se transformar no texto contemporâneo amplamente usado, considerando-a isenta de erros.

Para expandir suas idéias e ensinamentos, aos quais atribuía origem divina, e consolidar seu poder secular, Maomé construiu a Casa do Islã, empregando táticas militares que incluíam chacinas, tortura, assassinatos estratégicos, mentiras e destruição indiscriminada de bens de produção. Admitir isso e pensar a respeito pode ser embaraçoso, ou mesmo doloroso, para os muçulmanos moderados, mas é um fato histórico. Observada com maior atenção, a propaganda produzida pelos terroristas revela constantes citações dos feitos e éditos de Maomé, para justificar suas ações e conquistar o apoio de outros muçulmanos à causa.

Quando pensa sobre o terrorismo radical islâmico, a maioria dos políticos, jornalistas, intelectuais e outros comentadores evita a questão central do debate, que é o exemplo de Maomé. Para conquistar os corações e mentes dos milhões de muçulmanos indecisos, é crucial envolvê-los num processo de pensamento claro sobre como avaliar a orientação moral do homem que lhes serve de norte. A vantagem desse processo racional é proporcionar uma alternativa à utopia e ao inferno prometidos pelos terroristas. Com efeito, o inferno é a mais eficaz das ameaças que os fundamentalistas fazem pairar sobre a cabeça dos jovens homens e mulheres no processo de doutrinação para convencê-los a praticar atos violentos. Contudo, a tradução literal de utopia é "não-lugar", do grego "*ou*", que significa "não", mais *topos*, "lugar". O dicionário define utopia como "lugar imaginário de localização remota e indefinida". A alternativa real a tal impossibilidade é a sociedade aberta, a democracia, cujo funcionamento já foi empiricamente comprovado. A sociedade aberta dá aos muçulmanos, como também aos cristãos e judeus, a oportunidade de libertar-se da sempre presente ameaça do inferno. Os extremistas dizem aos jovens que devem defender a fé, vingar os insultos a Maomé e à palavra sagrada de Deus, o Alcorão. O que exatamente eles pensam estar defendendo?

Um apelo pela clareza de pensamento a respeito dessa importante questão não deveria ofender ou ferir os muçulmanos. Mesmo assim, muitos ocidentais se esquivam de fazê-lo. A *communis opinio* parece acreditar que críticas ou questionamentos a uma figura sagrada não são um comportamento educado nem socialmente aceitável. Esse movimento pelo relativismo cultural nas sociedades ocidentais trai o valor fundamental sobre o qual se assenta nossa sociedade aberta. Como seres humanos pensantes, jamais deveríamos censurar nosso pensamento analítico; jamais deveríamos impor limites à nossa razão.

Nesse sentido, diria que o primeiro-ministro Blair deveria repensar seu projeto de lei contra a blasfêmia. Anos atrás, alguns muçulmanos britânicos exigiram, sem sucesso, que Salman Rushdie fosse julgado pela lei britânica da blasfêmia, após a publicação de seu controvertido romance *Os versos satânicos*. Mas a lei reconhecia apenas as blasfêmias contra a Igreja Anglicana, religião dominante e oficial na Grã-Bretanha. Mas, em junho de 2005, o Parlamento britânico aprovou os planos do governo para tornar ilegal o incitamento ao ódio religioso. A lei visava principalmente a prevenir o racismo contra muçulmanos no Reino Unido. Ainda que o ministro do Interior tenha dito que a lei não pretendia impedir ninguém de contar piadas religiosas — o que seria trágico na terra onde surgiu o Monthy Python — ou de discutir seriamente a religião, não ficou clara a real necessidade desse projeto. Incitar o ódio religioso já é ilegal. E como disse o líder de um grupo de defesa dos direitos civis na Grã-Bretanha: "Na democracia, não existe o direito de não ser ofendido". E acrescentou que a religião relaciona-se com um corpo ideológico e todos têm o direito de debater e criticar as idéias alheias. Outro ativista contrário à lei asseverou: "A liberdade de criticar idéias, quaisquer idéias — mesmo que estas sejam convicções sinceras —, é uma das liberdades fundamentais da sociedade". No momento em que escrevo, a Câmara dos Lordes devolveu o projeto à Câmara dos Comuns, declarando que esta não seria uma boa lei.

Podemos considerar que os muçulmanos da Europa e de todo o mundo se dividem, grosso modo, em três grupos. O mais visível é o dos terroristas, que fazem uso da violência (e seus aliados, os fundamentalistas, que não matam nem mutilam, mas fornecem auxílio material e imaterial ou psicológico aos terroristas). O segundo, diametralmente oposto, é o grupo dos que questionam a relevância e a correção moral do exemplo de Maomé. Embora reduzido, este grupo está crescendo. Um dia, eles poderão oferecer um contraponto intelectual aos terroristas e a seus apoiadores. Nascida e criada como muçulmana, eu me incluo entre eles. Nós, nesse grupo, abraçamos a sociedade aberta como uma real alternativa a uma sociedade fundada nas leis de Maomé —

uma maneira melhor de estruturar a vida humana. Poderíamos chamar esse grupo de reformista.

Os terroristas dispõem consideravelmente de mais recursos e poder do que os reformistas, mas ambos os grupos pretendem influenciar o pensamento da ampla maioria dos muçulmanos. Os reformistas empregam apenas meios não violentos, como a escrita, para chamar a atenção para debates sobre valores fundamentais. Os terroristas e fundamentalistas, porém, usam a força, ameaças de violência, apelos à piedade ("Vejam o que o Ocidente está fazendo com o islã e os muçulmanos") e acusações *ad hominem* para fazer com que uma comunidade que reage sem pensar se refugie na autodefesa. No Ocidente, essas táticas fazem surgir os relativistas morais, defensores das chamadas vítimas da islamofobia. Enquanto isso, os reformistas são rejeitados pela família e pela comunidade e vivem sob a ameaça constante de serem assassinados. Em resumo, o cerne da questão se torna um tabu e os fundamentalistas praticamente detêm o monopólio dos corações e mentes do terceiro e maior grupo de muçulmanos, os indecisos.

Quem são esses muçulmanos "indecisos"? São o grupo a que Tony Blair se refere ao dizer: "A ampla e esmagadora maioria dos muçulmanos aqui e no exterior é de gente decente e cumpridora da lei". Vivem em Edgaware Road e Bradford, em Amsterdã e Saint Denis; não observam fervorosamente todos os rituais do islã, mas se consideram fiéis. São imigrantes e jovens da segunda geração que vieram ao Ocidente para desfrutar dos benefícios da sociedade aberta, na qual estão diretamente interessados. Mas não questionam a infalibilidade de Maomé e a correção de seu exemplo moral. Sabem que Maomé os conclama à matança dos infiéis; sabem que a sociedade aberta, com justiça, condena quem mata crianças e inocentes. Estão mentalmente paralisados pela dissonância cognitiva e cabe ao Ocidente apoiar os reformistas na tentativa de livrar os indecisos dessa dolorosa contradição. As organizações muçulmanas estabelecidas, que recebem subsídios governamentais, não oferecem mais do que uma abordagem cosmética à erradicação do terrorismo inspirado pelo profeta Maomé — "que a paz esteja com ele", naturalmente.

As primeiras vítimas de Maomé são as mentes dos próprios muçulmanos. Estão aprisionados pelo medo do inferno e, por isso, temem também a naturalíssima busca pela vida, liberdade e felicidade. Ainda não se chegou a um consenso, no Ocidente, quanto ao apoio aos reformistas radicais. A atual atitude dos relativistas culturais ocidentais, que evitam críticas a Maomé por medo de ofender os fiéis islâmicos, permite que os muçulmanos do Ocidente se esquivem a rever seus próprios valores morais. Essa atitude trai também a frágil maioria dos reformistas muçulmanos, que precisam desesperadamente do apoio — e inclusive da proteção física — de seus aliados naturais no Ocidente.

Os muçulmanos devem rever e reformar seu modo de lidar com os ensinamentos do profeta Maomé, se quiserem coexistir pacificamente com os amantes da liberdade e da sociedade aberta. Os terroristas e seus aliados, os fundamentalistas, não podem ditar as regras do jogo a nós ocidentais. Devemos preservar e proclamar nossos valores fundamentais do debate livre e aberto, do pensamento racional e do primado da lei, não da religião. Assim, a decisão do povo britânico de preservar os direitos civis é corajosa e deve servir de exemplo para todos nós. O uso da tortura e a negação dos direitos legais aos suspeitos de terrorismo servirão apenas para corromper os sistemas ocidentais e as visões do Ocidente como modelo de abertura. Tais ações também municiam os terroristas com fatos com os quais provar seu especioso argumento de que o Ocidente é hipócrita e moralmente confuso.

Notas

1. LUTEM POR SEUS DIREITOS!
As mulheres no islã

"Portanto, não é nenhuma surpresa [...]": *NRC Handelsblad*, 8 de julho de 2002.

"Bater é degradante [...]": no mesmo artigo, *NRC Handelsblad*, 8 de julho de 2002.

"Numa entrevista concedida em junho de 2002 [...]": *NRC Handelsblad*, 8 de julho de 2002.

2. POR QUE NÃO PODEMOS TER UMA VISÃO CRÍTICA DE NÓS MESMOS?

"Nem a Sociedade pelo Islã e pela Cidadania [...]": Stichting Islam en Burgerschap.

"Apenas organizações de ajuda [...]": RIAGG.

"O Conselho de Defesa da Criança [...]": Raad voor de Kinderbescherming.

3. A JAULA DAS VIRGENS

"Suas três principais deficiências [...]": listadas no *Arab human development report* das Nações Unidas, de 2002-03.

"Apenas 330 livros estrangeiros aproximadamente [...]": *Stichting Speurwerk, Titelproductiestatistieck*, 1997.

"Os relatórios das Nações Unidas [...]": *Trouw*, 2 de outubro de 2003.

"Ficai sossegadas em vossos lares [...]": Alcorão, Sura 33, versículo 33 (a partir da tradução inglesa de Abdullah Yusuf Ali).

"E dize às mulheres crentes [...]": Sura 24, versículo 31.

"Ó Profeta! [...]": Sura 33, versículo 59.

"No século XI, o imã [...]": no livro *Wie luidt de doodsklok over de Arabieren?* [Quem dobra os sinos pelos árabes?], de Marcel Kurpershoek.

"Segundo o Alcorão [...]": Alcorão, Sura 4, versículo 34.

Usos e costumes do islã: *Gewoontes en zeden in de Islam.*

Guia da educação islâmica: *Gids tot de islamitische opvoeding.*

Um vislumbre do inferno: *Een glimp van de hel.*

4. QUEREMOS NOSSO VOLTAIRE

"Ninguém que acompanhe os debates [...]": A versão original deste capítulo apareceu em "Letter & Geest" [Letra & espírito], seção do jornal *Trouw* de 16 de março de 2002. Publicado também em *De zoonjesfabriek* (2002).

"O escritor Leon de Winter [...]": em artigo de 10 de novembro, na seção "Letter & Geest", do jornal *Trouw*.

"Além disso, na Europa e nos Estados Unidos [...]": Marcel Kurpershoek (*NRC Handelsblad*, 3 de novembro).

"Na Holanda e no resto da Europa [...]": Afshin Ellian.

5. O QUE DEU ERRADO?
Um choque cultural moderno

"Trata-se aqui da 'religião como fator formador da cultura [...]'": T. von der Dunk, "De West en de Rest: over de gelijkwaardigheid van culturen ["O Ocidente e o resto: da igualdade entre as culturas"], em *Socialisme em Democratie*, vol. 58, n. 9, setembro de 2001, pp. 391-99.

"No ano 2000 essas comunidades holandesas [...]": todos os números obtidos em *Integratie in het perspectief van immigratie* [A integração sob a perspectiva da imigração]. Relatório Governamental, 18 de janeiro de 2002, p. 66.

"Os muçulmanos constituem atualmente a maior categoria ideológica [...]": Conselho Científico de Políticas Governamentais da Holanda, *Nederland als immigrantiesamenleying* [A Holanda como sociedade de imigração]. Relatórios para o governo, n. 60, Haia, 2001.

"A ampla maioria, especialmente aqueles que vêm [...]": do economista Arie van der Zwan.

"Seu perfil demográfico é tradicional [...]": A. van der Zwan, "Waar blijft de ombuiging in het immigratiebeleid?" ["Quando mudará a política de imigração?"], em *Socialisme en Democratie*, vol. 59, n. 4, abril de 2002, pp. 43-54. Ver também: A. van der Zwan, "Alarmerende uitkomsten! De wrr-studie integratie van etnische minderheden" ["Resultados alarmantes! O estudo do WWR sobre a integração das minorias étnicas"], em *Socialisme em Democratie*, vol. 58, n. 9, setembro de 2001, pp. 421-25.

"Frank Bovenkerk e Yucel Yesilgöz [...]": F. Bovenkerk e Y. Yesilgöz, "Multiculturaliteit in de strafrechtpleging?" ["Multiculturalismo na administração da justiça criminal?"], em *Tijdschrift voor Beleid, Politieck en Maatschappij* [Periódico de políticas públicas, política e sociedade], (1999), n. 4, p. 232.

"Isso não é de surpreender [...]": segundo os dois pesquisadores italianos, Allievi e Catro, que atribuem o fato à falta de uma análise sociológica mais aprofundada.

"Também entre os acadêmicos muçulmanos respeitados, há pouquíssima investigação sociológica sobre o islã [...]": S. Allievi e F. Castro, "The Islamic presence in Italy: social rootdness and legal questions" [A presença islâmica na Itália: origem social e questões legais], em S. Ferrari e A. Bradney (eds.), *Islam and European legal systems* [O islã e os sistemas legais europeus], Vermont, 2000, p. 198. No mundo islâmico, parece não haver estudos da sociogênese e psicogênese da cultura muçulmana, que sejam comparáveis ao trabalho do sociólogo alemão Norbert Elias. Baseando-se na teoria da civilização de Elias, o processo de integração social pode ser descrito como a criação de situações mais ou menos interdependentes numa sociedade ainda mais complexa. O componente psicológico dessa mudança social tende ao desenvolvimento de um autocontrole constante e automático, o que ajuda as pessoas nas exigências cada vez maiores da vida. Esse aumento do autocontrole se mostra no fato de que, ao longo dos séculos, as maneiras e a moral européias se tornaram menos rigorosas e mais refinadas. Inicialmente, os novos códigos de conduta eram impostos pelas instituições sociais, mas com o tempo o processo se internalizou. Segundo Elias, essa tendência teve início quando — forçados a permanecer na corte — os cavaleiros livres e independentes da Alta Idade Média tornaram-se, gradativamente, dependentes do rei. Assim, aprenderam a controlar seus sentimentos e a ser diplomáticos. Essa cultura cortês foi, de início, imitada pelas classes mais altas e, durante o século XX, espalhou-se por parcelas maiores da população, na esteira de um movimento civilizatório. Isso não aconteceu "por livre e espontânea vontade". Trabalhadores e camponeses foram forçados a adaptar-se às exigências de uma sociedade industrial moderna (por meio, entre outras coisas, da introdução do serviço militar e da educação compulsórios, da obrigação de aprender a linguagem padrão etc.). N. Elias, *Het civilisatieproces: Sociogenetische en psychogenetische onderzoekingen* [O processo civilizador: investigações sociogenéticas e psicogenéticas], Amsterdã, 2001 (1939).

"A identidade islâmica (visão do homem e do mundo) [...]": Pryce-Jones define assim o específico conceito de honra no mundo islâmico: "Honra é o que torna a vida digna de ser vivida: a vergonha é uma morte em vida, que não deve ser suportada e exige vingança. A honra envolve o reconhecimento, a estima publicamente reconhecida dos outros, que confere segurança e importância a uma pessoa a seus próprios olhos e diante de todos os demais. [...] A honra e seu reconhecimento determinam os padrões de conduta mais rigorosos possíveis numa hierarquia de deferência e respeito" (Pryce-Jones, *The closed circle*, 1989, p. 35).

"E os casamentos consangüíneos [...]": o recém-publicado *Arab human development report* avalia a situação demográfica em 22 países árabes. A população total desses países é de 280 milhões, dos quais 38% têm entre 0 e 14 anos e apenas 6% têm mais de 60. O relatório oferece dois quadros possíveis para o futuro até 2020. No primeiro, estima-se que a população árabe chegue a 459 milhões em 2020; o segundo prevê 410 milhões. UNDP, *Arab human development report*, Nova York, 2002, p. 37.

"A cultura pré-moderna aproxima-se muito [...]": desenvolvido por Jan Romein. Van der Loo e Van Reijen resumem os elementos chave do GHP.

"Não fazer nada é um luxo [...]": H. van der Loo e W. van Reijen, *Paradoxen van modernisering* [Paradoxos da modernização], Bussum, 1997, p. 70.

"O monoteísmo islâmico [...]": K. Armstrong, *Islam. Geschiednis van een wereldgodsdients* [História de uma religião mundial], Amsterdã, 2001 p. 58. Ver também: K. Armstrong, *Een Geschiedenis van God. Vierduizend jaar jodendom, christendom em Islam* [Uma história de Deus. Quatrocentos anos de judaísmo, cristianismo e islã], Baarn, 1993.

"Em *The Closed Circle* [...]": D. Pryce-Jones, *The closed circle* [O círculo fechado].

"Os muçulmanos criaram uma civilização [...]": Lewis, *What went wrong? The clash between Islam and modernity in the Middle-East* [O que deu errado? O choque entre o islã e a modernidade no Oriente Médio], Londres, 2002, p. 6.

"Essa resposta simplista [...]": Lewis, *What went wrong?*, p. 158.

"Segundo o relatório [...]": UNDP, *Arab human development report.*

"A conseqüência é a estagnação generalizada [...]": H. Jansen, "Bush versus Bin Laden, het Western tegen de Islam?" ["Busch versus Bin Laden, o Ocidente contra o islã?"], em *International Spectator*, n. II, novembro de 2001.

"Há corrupção e apatia [...]": N. N. Ayubi, *Over-stating the Arab state: politics and society in the Middle-East*, Nova York, 1995, p. 125.

"Se definirmos a cultura como o repertório [...]": N. Wilterdink e B. van Heerikhuizen, *Samenlevingen: een verkenning van het terrein van de sociologi* [Sociedades: uma exploração do território do sociólogo], Groningen, 1993, p. 24.

"O mundo islâmico progrediu muito pouco [...]": A. van der Zwan, "Waar blijft de ombuiging in het immigratiebeleid?".

"As carências do grupo são, porém, consideradas [...]": P. de Beer, "PvdA moet terug naar de oorsprong" ["O PvdA deve voltar a suas origens"], in *NRC Handelsbad*, 6 de julho de 2002.

"Galenkamp argumentou que isso seria impossível [...]": M. Galenkamp, "Multiculturele samenleving in het geding" ["A sociedade multicultural em discussão"], em Justitiële Verkenningen [Explorações judiciais], (2002), n. 5.

"Aludindo ao estudo do Conselho [...]": Conselho Científico de Políticas Governamentais da Holanda, *Nederland als immigratiesamenleving* [A Holanda como sociedade de imigração].

6. UMA BREVE HISTÓRIA PESSOAL DA MINHA EMANCIPAÇÃO

"Numa revista holandesa [...]": *HP/De Tijd*, Rob Oudkerk.

"Se ele de fato disse aquilo ao semanário holandês [...]": *Vrij Nederland*.

7. SER POLÍTICA NÃO É MEU IDEAL

"*Não terás outros deuses* [...]": uma entrevista a Arjan Visser publicada na série: "Os dez mandamentos", no jornal diário *Trouw*. "Os dez mandamentos" é uma série publicada num jornal diário holandês, na qual várias personalidades proeminentes são entrevistadas seguindo o formato dos dez mandamentos. Copyright © 2003 Arjan Visser.

8. O PESADELO DE BIN LADEN
Entrevista com Irshad Manji

"*Reparei que no livro* [...]": Esta entrevista foi publicada em 19 de junho de 2004, no jornal diário *Algemeen Dagblad*, com o auxílio de Carine Damen.

9. O PREÇO DA LIBERDADE É A VIGILÂNCIA CONSTANTE

"Às vezes me vejo em situações [...]": Esta é a versão sem cortes de "Vrijheid verist permanent onderhoud" ["O preço da liberdade é a constante vigilância"], publicada em 5 de maio de 2003, no jornal diário *NRC Handelsblad*.

11. COMO LIDAR COM A VIOLÊNCIA DOMÉSTICA DE MODO MAIS EFETIVO

"A cada ano, a violência doméstica mata [...]": esta é uma versão reeditada do artigo publicado no jornal diário *NRC Handelsblad*, de 3 de outubro de 2003. Incluído também em *De Maagdenkooi* [A jaula das virgens], 2004.

12. A MUTILAÇÃO GENITAL NÃO PODE SER TOLERADA

"A mutilação genital das meninas [...]": este capítulo baseia-se no artigo "Besnijdenis mag niet worden gedoogd" ["A circuncisão não pode ser tolerada"], publicado no jornal diário *De Volkskrant*, de 7 de fevereiro de 2004.

"Desde o parto de um natimorto [...]": do artigo de Steffie Kouters, na revista *De Volkskrant*, de 10 de julho de 2004.

"Segundo uma reportagem do *New York Times* [...]": de Sharon LaFraniere, 28 de setembro de 2005.

"Um relatório médico dirigido ao governo [...]": "Estratégias para a prevenção da circuncisão em meninas". Avaliação e recomendações, do Centro Médico da Vrije Universiteit [VU] em Amsterdã (outubro de 2003).

13. DEZ DICAS PARA MUÇULMANAS QUE QUEREM FUGIR

"Desde o início dos anos 90 [...]": "Dez dicas para muçulmanas que querem fugir", originalmente publicado em *De Maagdenkooi* [A jaula das virgens] (2004).

15. A NECESSIDADE DE AUTO-REFLEXÃO DO ISLÃ

"Meus pais me educaram na crença [...]": esta é a versão sem cortes do artigo publicado em 30 de outubro de 2004, no jornal diário *De Volkskrant*.

“Declarou Mohamed Sini [...]”: citado no jornal diário *De Volkskrant.*

“‘Não vou perder meu tempo [...]’”: *De Volkskrant.*

“‘Simplesmente não merecem uma resposta [...]’”: do jornal diário holandês *Trouw.*

“A presidente da organização muçulmana turca [...]”: het Rottersdam Dagblad.

“Contudo, os institutos regionais de Saúde Mental [...]”: observa a psiquiatra Carla Rus em artigos publicados em dois jornais holandeses, *Trouw* e *De Volkskrant.*

Índice remissivo

ESTA OBRA FOI COMPOSTA EM MINION PELO ACQUA ESTÚDIO E IMPRESSA
PELA RR DONNELLEY EM OFSETE SOBRE PAPEL PÓLEN SOFT DA
SUZANO PAPEL E CELULOSE PARA A EDITORA SCHWARCZ EM JUNHO DE 2008